Japans Banken in der Krise

Gunther Schnabl

Japans Banken in der Krise

Folgen von 30 Jahren Niedrigzinspolitik

 Springer Gabler

Gunther Schnabl
Institut für Wirtschaftspolitik
Universität Leipzig
Leipzig, Sachsen, Deutschland

ISBN 978-3-658-30705-9   ISBN 978-3-658-30706-6   (eBook)
https://doi.org/10.1007/978-3-658-30706-6

Die Deutsche Nationalbibliothek verzeichnet diese Publikation in der Deutschen Nationalbiblio-
grafie; detaillierte bibliografische Daten sind im Internet über http://dnb.d-nb.de abrufbar.

Planung/Lektorat: Isabella Hanser
Springer Gabler ist ein Imprint der eingetragenen Gesellschaft Springer Fachmedien Wiesbaden GmbH
und ist ein Teil von Springer Nature.
Die Anschrift der Gesellschaft ist: Abraham-Lincoln-Str. 46, 65189 Wiesbaden, Germany

Vorwort

Das Buch zeichnet ein Bild des Anpassungsprozesses der japanischen Regional-banken, der überregionalen City-Banken und der kleineren Shinkin-Banken nach dem Platzen der japanischen Blasenökonomie im Dezember 1989. Die japanischen Banken nahmen in der zweiten Hälfte der 1980er Jahre eine zentrale Rolle in der Transmission starker Zinssenkungen der Bank von Japan in Reaktion auf das sogenannte Plaza-Abkommen hin zu einer Spekulationsblase auf den japanischen Aktien- und Immobilienmärkten ein. Die japanische Blasenökonomie war die erste große Finanzmarktblase in einem Industrieland, der später ähnliche Entwicklungen im südlichen Euroraum (2003–2008), den USA (2003–2008) und Deutschland (2010–2020) folgten.

Mit dem Platzen der japanischen Blase häuften die japanischen Banken nicht nur einen großen Berg notleidender Kredite an, die Bank von Japan ver-suchte auch mit erneuten und anhaltenden Zinssenkungen den notwendigen Restrukturierungsprozess von Unternehmen und Banken zu erleichtern. Es zeigte sich jedoch, dass das anhaltende Niedrig-, Null- und später sogar Negativzins-umfeld zur wachsenden Bürde für die japanischen Banken wurde. Die Banken wurden in einen anhaltenden Restrukturierungsprozess gedrängt, der mit einem starken Konzentrationsprozess im japanischen Bankensektor einhergegangen ist. Gleichzeitig blieb die Krise aus gesamtwirtschaftlicher Sicht ungelöst.

Das vorliegende Buch untersucht den Anpassungsprozess der japanischen Banken, indem es einen genauen Blick auf die Veränderung der Bilanz-strukturen wirft. Es wird dem Wandel der Ertrags- und Kostenstrukturen sowie der Veränderung der Geschäftsmodelle nachgegangen. Es zeigt sich, dass der Staat eine zentrale Rolle in der Entwicklung der japanischen Banken seit Platzen der Blasenökonomie gespielt hat. Immer wieder waren in Krisen neue Rettungsaktionen notwendig, die zur Veränderung des Rechtsrahmens und zur Zombifizierung von Unternehmen geführt haben.

Das Verständnis für die Entwicklung des japanischen Bankensektors ist für
Europa von Interesse, weil auch Europa platzende Finanzmarktblasen erlebt hat
und die Geldpolitik gegen das japanische Niedrig-, Null- und Negativzinsumfeld
konvergiert. Da Japan der Entwicklung in Europa ca. 15 Jahre vorausläuft,
können mögliche Entwicklungen in Europa mit Kenntnis Japans besser ver-
standen werden. Das kann zu einer besseren Entscheidungsfindung auf betriebs-
und volkswirtschaftlicher Ebene beitragen.

Ich danke Taiki Murai, Tim Sepp, Anja Schwarz und Ortwin Guhl für die sehr
hilfreiche Unterstützung. Zudem danke ich der Wissenschaftsförderung der Spar-
kassen-Finanzgruppe e. V. für die Unterstützung bei der Publikation.

Leipzig   Gunther Schnabl
im Juni 2020

▶   Alle Umrechnungen von Yen in Euro erfolgten zu einem Wechselkurs von
     118 Yen pro Euro.

Inhaltsverzeichnis

Einleitung 1

Die wirtschaftliche Entwicklung in Japan seit Anfang der 1990er Jahre wird durch das Platzen der Blasen auf den japanischen Aktien- und Immobilienmärkten bestimmt. Seit Mitte der 1980er Jahre hatten starke Leitzinssenkungen in Reaktion auf die starke Aufwertung des Yen nach dem Plaza-Abkommen (Sept. 1985) ein übermäßiges Kreditwachstum und damit Blasen auf den japanischen Aktien- und Immobilienmärkten befeuert. Diese fanden im Dezember 1989 (Aktienmarkt) bzw. im Jahr 1991 (Immobilienmarkt) ihr Ende. Seitdem war lange Zeit die wirtschaftliche Entwicklung in Japan durch den Verfall der Vermögenspreise (insbesondere Aktien- und Immobilienpreise) und die damit verbundene Bilanzrezession (Koo 2003) charakterisiert: die fallenden Aktien- und Immobilienpreise sowie die weitgehend konstanten Konsumentenpreise trugen zu hohen realen Schulden im Unternehmenssektor sowie zu einem hohen Bestand (potenziell) notleidender Kredite im Bankensektor bei, die mit stockendem Konsum und Investitionen einhergingen. Man spricht inzwischen von drei verlorenen Dekaden.

Die anhaltende Stagnation seit Beginn der 1990er Jahre hat zunächst in einer zögerlich restriktiven Geldpolitik, aber dann in immer expansiveren Makropolitiken ihren Widerhall gefunden (Schnabl 2015). Trotz strukturell sinkender Steuereinnahmen haben sich japanische Regierungen immer wieder dazu entschlossen, keynesianische Konjunkturprogramme auf den Weg zu bringen und dringend nötige Steuererhöhungen zu verschieben. (Insbesondere die Mehrwertsteuer ist mit derzeit 10 % im Vergleich zu Europa immer noch gering). Dies hat bei strukturell sinkenden Steuereinnahmen dazu geführt, dass die japanische Staatsverschuldung auf rund 240 % des Bruttoinlandsprodukts angestiegen ist.

Die Bank von Japan hat gleichzeitig die Leitzinsen schrittweise gesenkt. Im März 1999 hat im Verlauf der japanischen Finanzmarktkrise (1997/1998) der

Leitzins die Nullgrenze erreicht, wo er im Wesentlichen bis heute verblieben ist. Seit dem Jahr 2001 hat die Bank von Japan mit sehr unterschiedlichen unkonventionellen geldpolitischen Maßnahmen ihre Bilanz immer weiter ausgeweitet. Zu dieser quantitativen Lockerung (d. h. dem Ankauf von Vermögenswerten) gesellte sich die qualitative Lockerung (Umschichtung von Vermögenswerten), die seit September 2016 in eine quantitative und qualitative Lockerung mit Steuerung der Zinsstrukturkurve übergegangen ist (Schnabl und Yoshino 2016).

Eine nachhaltige Wiederbelebung der japanischen Volkswirtschaft ist hingegen ausgeblieben, was nicht ohne Folgen für die Kreditwirtschaft geblieben ist. Seit Platzen der japanischen Blasenökonomie befindet sich der japanische Bankensektor in einem kontinuierlichen Anpassungs- und Restrukturierungsprozess. Dieser war zunächst auf eine Konsolidierung durch neues Kreditgeschäft in Südostasien ausgerichtet. In Folge der Asienkrise und der japanischen Finanzmarktkrise (1997/1998), in der viele Finanzinstitute kollabierten (z. B. Yamaichi Shoken, Hokkaido Takushoku Bank, Long-term Credit Bank of Japan, Nippon Credit Bank, etc.) kam es zum konsequenteren Abbau der notleidenden Kredite. Im Sinne eines „Konvoi-Ansatzes" (Shimizu 2000) kam es zu immer mehr Übernahmen und Fusionen, die vor allem die Zahl der großen City-Banken, der Shinkin-Banken und der Regionalbanken zweiten Ranges maßgeblich reduzierte.

Spätestens seit der Jahrtausendwende wird immer deutlicher, dass die von der Bank von Japan verfolgte Niedrig-, Null- und Negativzinspolitik die japanische Kreditwirtschaft noch immer weiter in Bedrängnis bringt. Seit 2013 waren die japanischen Regionalbanken und Shinkin-Banken aus zwei Gründen besonders stark von der quantitativen und qualitativen Lockerung der Bank von Japan unter Zentralbankpräsident Haruhiko Kuroda betroffen. Erstens waren sie traditionell besonders stark von dem Kreditgeschäft abhängig (im Gegensatz zum Wertpapierhandel), das durch die Geldpolitik der Bank von Japan an Profitabilität verloren hat. Zweitens sind diese besonders stark in den Regionen außerhalb der ökonomischen Zentren Tokio, Nagoya und Osaka vertreten, die – nicht zuletzt auch aufgrund der Geldpolitik der Bank von Japan – im Verlauf der Krise zunehmend an wirtschaftlichem Gewicht verloren haben und weiter verlieren dürften.

Das Buch zeigt die Auswirkungen der Krisentherapie nach dem Platzen der japanischen Blasenökonomie auf die japanischen Banken im Umfeld der sehr expansiven Geldpolitik der Bank von Japan. Es zeigt sich, wie sich für die japanischen Banken durch die immer lockerere Geldpolitik das wirtschaftliche Umfeld immer weiter verschlechtert hat. Das Buch gibt Einblick in die Struktur der japanischen Kreditwirtschaft und deren Veränderungen seit den 1990er

Jahren, die durch schrumpfende Zinsmargen, wachsende Einlagen sowie eine stagnierende Kreditnachfrage bestimmt ist. Es werden Veränderungen in der Struktur der Bankbilanzen sowohl für die Aktiv- als auch für die Passivseite aufgezeigt. Sinkenden Einnahmen aus dem Zinsgeschäft standen hohe Kosten für die Abschreibung von notleidenden Krediten entgegen, auf die die Banken mit einer Reduktion der Personalkosten sowie mit Fusionen und Übernahmen reagierten. Es wird auch deutlich gemacht, dass der Kollaps des japanischen Bankensektors immer wieder vom Staat durch regulatorische und politische Interventionen verhindert wurde. Das Buch zeichnet ferner ein Bild neuer Geschäftsmodelle und zeigt Entwicklungsszenarien für die Banken auf.

Literatur

Koo, R. (2003). *Balance sheet recession: Japan's struggle with uncharted economics and its global implications.* Hoboken: Wiley.

Schnabl, G. (2015). Monetary policy and structural decline: Lessons from Japan for the European crisis. *Asian Economic Papers, 14*(1), 124–150.

Schnabl, G., & Yoshino, N. (4. Oktober 2016). Japans gigantisches geldpolitisches Experiment. *Frankfurter Allgemeine Zeitung*, 18.

Shimizu, Y. (2000). Convoy regulation, bank management, and the financial crisis in Japan. In Mikitani, Ryoichi and Posen, Adam (Hrsg.), *Japan's financial crisis and its parallels to U.S. Experience* (S. 57–97). Washington D.C : Institute for International Economics.

Veränderungen im makroökonomischen Umfeld

2

Die Herausforderungen für die japanischen Banken resultieren in erster Linie aus den makroökonomischen Entwicklungen, die maßgeblich von der Geld- und Finanzpolitik beeinflusst wurden. Die Geldpolitik ist sowohl als Ursache für die großen Strukturprobleme im japanischen Bankensektor zu sehen, als auch als Therapie, die jedoch mittel- bis langfristig weitere Probleme nach sich zog.

2.1 Das Entstehen der japanischen Blase und deren Platzen

Die japanische Blasenökonomie entstand in der zweiten Hälfte der 1980er Jahre (Starbatty und Schnabl 1998). Die USA hatten Japan aufgrund des hohen bilateralen Handelsdefizits mit dem Plaza-Abkommen (Sept. 1985) zu einer starken Aufwertung des Yen gegenüber dem Dollar gedrängt (Funabashi 1989). Die offizielle Ankündigung der Yen-Aufwertung löste einen Run in den Yen und damit eine drastische Aufwertung des Yen gegenüber dem Dollar aus (50 % zwischen Sept. 85 und Sept. 87), die im exportabhängigen Japan eine tiefe Krise bewirkte. Die Bank von Japan senkte die Leitzinsen von 8,3 % (Sept. 85) auf 3,5 % (Sept. 87), um der Yen-Aufwertung ein Ende zu setzen und die wirtschaftliche Erholung durch mehr Investitionen zu erleichtern.

Die deutlichen Zinssenkungen erleichterten nicht nur der japanischen Exportindustrie die Anpassung an den aufgewerteten Yen (um Marktanteile im Ausland zu halten), sondern lösten auch einen Spekulationsboom auf den Aktien- und Immobilienmärkten aus (siehe Abb. 2.1). Dieser wurde ab 1987 durch wachsende Staatsausgaben befeuert, die die USA mit dem Louvre-Accord (Feb. 1987) von

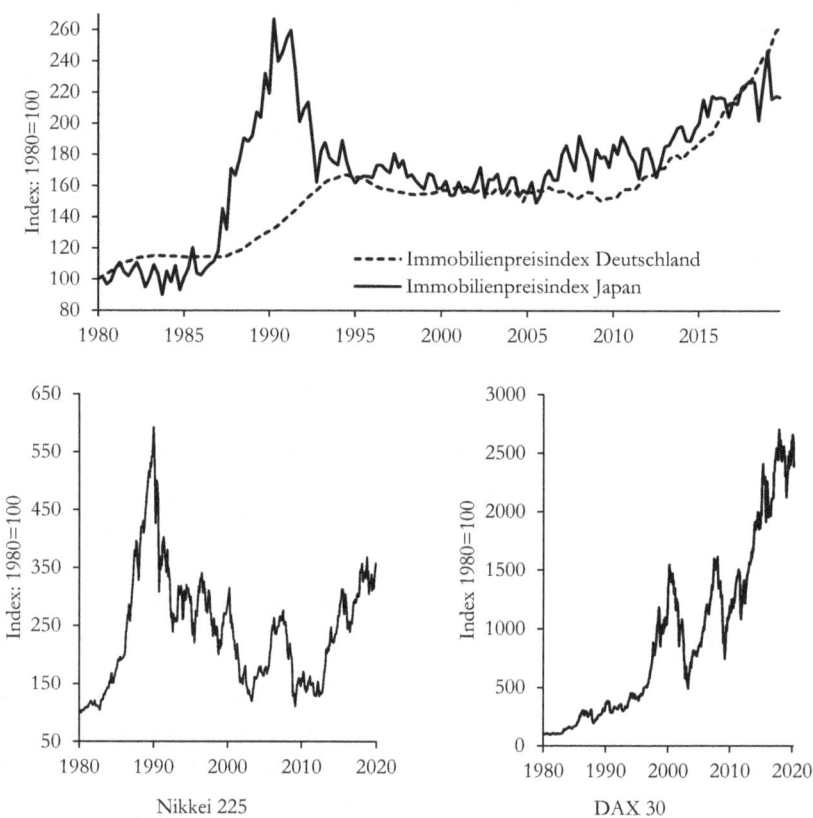

Abb. 2.1 Japan und Deutschland: Immobilien- und Aktienpreise. (Quelle: Oxford Economics)

Japan einforderten, (erneut um den japanischen Leistungsbilanzüberschuss zu reduzieren (Schnabl 1999)). Abb. 2.1 zeigt den drastischen Anstieg der Aktien- und Immobilienpreise zwischen 1986 und 1989 im Vergleich zu Deutschland[1].

---

[1]Die Indizes sind im Zeitablauf nicht vollkommen vergleichbar, weil sich deren Zusammensetzung sowie die von anderen Unternehmen gehaltenen Aktienpakete verändert haben (Japan AG, Deutschland AG).

Spekulationsblasen in den USA und den europäischen Peripheriestaaten entstanden ab dem Jahr 2001 aufgrund der deutlichen Zinssenkungen der Federal Reserve und der Europäischen Zentralbank in Reaktion auf das Platzen der Dotcom-Blasen. In den USA begünstigte das billige Geld (zusammen mit entsprechender Deregulierung des Finanzmarktes) einen Spekulationsboom auf dem Immobilienmarkt (Taylor 2007). In Europa entwickelten sich kreditgetriebene Spekulations- und Konsumblasen in den südlichen Staaten der Europäischen Währungsunion (Holinski et al. 2012) und darüber hinaus.

Deutschland war nicht direkt betroffen, weil seit den späten 1990er Jahren die öffentliche Ausgabenzurückhaltung (inklusive Agenda 2010) die Staatsausgaben und die Investitionstätigkeit bremste. Stattdessen wurden wachsende deutsche Produktivitätsgewinne und Ersparnisse in europäische Peripherieländer und in die USA exportiert, wo sie Übertreibungen auf den Immobilien- und Finanzmärkten sowie beim privaten und öffentlichen Konsum anheizten (Schnabl 2018).[2] Ab 2012 scheinen sich in Deutschland Übertreibungen bei Immobilien- und Aktienblasen aufgebaut zu haben, da die Geldpolitik der Europäischen Zentralbank zunehmend auf die europäischen Krisenländer ausgerichtet wurde und für Deutschland zu locker war.[3]

2.2   Wachstum, Inflation und Wechselkurs

Seit 1990 bis zum Jahr 2019 lagen die gesamtwirtschaftlichen realen Wachstumsraten Japans im Durchschnitt bei 1,2 % (siehe Abb. 2.2). Das durchschnittliche reale Wachstum pro Jahr seit 1991 lag hingegen in Deutschland bei 1,6 % und in den USA bei 2,5 %. Im Vergleich zu Deutschland und den USA konnten die ohnehin sehr geringen Wachstumsraten nur mithilfe sehr expansiver Fiskal- und

---

[2]Deshalb waren deutsche Banken (insbesondere Landesbanken) ähnlich wie die japanischen Banken beim Platzen der Blasen direkt von (drohenden) Kreditausfällen betroffen.

[3]Mit der expansiven Geldpolitik der Europäischen Zentralbank in Reaktion auf die europäische Finanz- und Schuldenkrise wurde der deutsche Exportsektor stark begünstigt (Schnabl 2016). Dieser Effekt wurde durch mindestens zwei Faktoren getrieben. Erstens war der von der Europäischen Zentralbank gesetzte Zins für die gute Konjunktur in Deutschland zu tief. Die Unternehmen profitieren von sehr niedrigen Finanzierungskosten. Zweitens schwächte die sehr expansive Geldpolitik den Euro gegenüber Dollar und Yen, was einer Subvention für deutsche Exporte gleichkam. Zudem stiegen insbesondere in den Ballungszentren die Immobilienpreise.

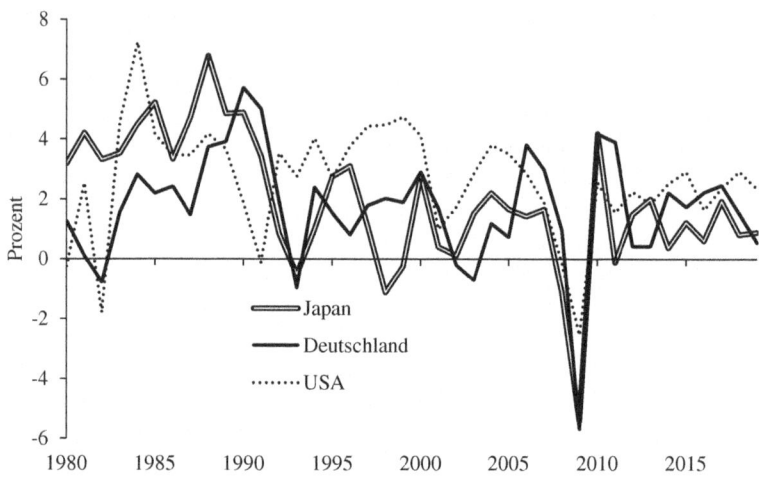

Abb. 2.2 Reales Wachstum Japan, Deutschland, USA. (Quelle: IWF)

Geldpolitiken gehalten werden. Im Verlauf der schleichenden Krise ist die Brutto-staatsverschuldung Japans auf 240 % des Bruttoinlandsprodukts (2019) angestiegen, sodass die Staatsverschuldung deutlich höher als in Deutschland (2019: 58 %) und den USA (2019: 106 %) liegt. Auch die Geldpolitik war deutlich expansiver als in Deutschland/Europa und den USA (siehe Abschn. 2.4).

Krugman (2015) hat darauf verwiesen, dass seit 1990 das reale Pro-Kopf-Wachstum in Japan ähnlich den USA ist, wenn man es in Relation zu den Erwerbsfähigen (alle Menschen zwischen 15 und 64) setzt. Er folgert daraus, dass die wirtschaftliche Entwicklung in Japan nicht so negativ war, wie weithin angenommen wird. Dies ist aus zwei Gründen ein Fehlschluss. Erstens bestimmt sich das Wohlstandsniveau der Bevölkerung nicht aus der Produktivi-tät der Erwerbsfähigen. Vielmehr wird das erwirtschaftete Sozialprodukt auf alle Köpfe verteilt. Die Wachstumsrate der realen Pro-Kopf-Einkommen ist seit 1990 der Wachstumsrate des realen Bruttoinlandsprodukts sehr ähnlich, weil die Bevölkerung zwar gealtert, aber noch nicht maßgeblich geschrumpft ist. Zweitens hat die tatsächlich arbeitende Bevölkerung im Betrachtungszeitraum zugenommen, da insbesondere mehr Frauen und ältere Menschen am Erwerbs-leben (insbesondere auch in Teilzeitbeschäftigungen) teilnehmen. Der Anstieg des Bruttoinlandsprodukts ist deshalb gemessen in Erwerbstätigen seit 1990 nahe null. Abb. 2.3 zeigt die Entwicklung des realen Bruttoinlandsprodukts seit 1990s nach unterschiedlichen Berechnungskonzepten.

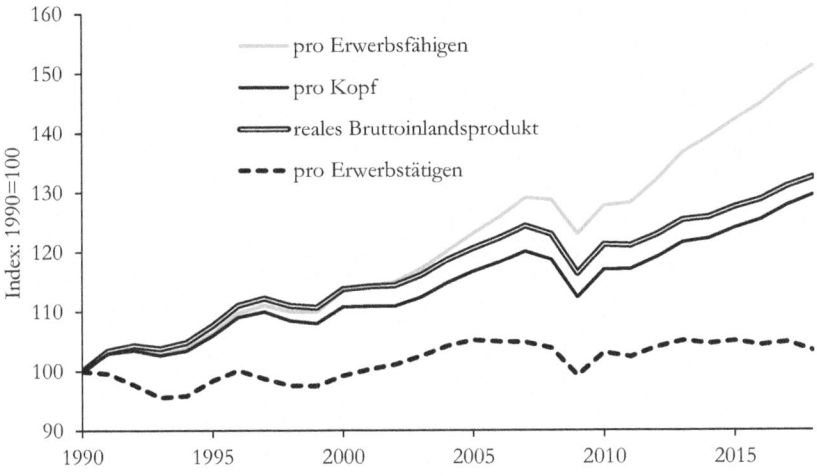

Abb. 2.3 Reales Bruttoinlandsprodukt Japans nach Berechnungskonzepten. (Quelle: IWF, Japan: Ministry of Internal Affairs and Communication)

Die geringen Wachstumsraten in Japan gingen trotz sehr expansiver Geldpolitik mit geringen Inflationsraten einher (Abb. 2.4). Da die Inflationsraten zeitweise auch negativ waren, wurde immer wieder von einer Deflationsgefahr gesprochen, die auch als Rechtfertigung für die sehr expansive Geldpolitik herangezogen wurde (siehe Bernanke 2000 und Posen 2000). Grundsätzlich waren die Inflationsraten jedoch in allen wichtigen Industrieländern gering, sodass der schwache Anstieg der Konsumentenpreise unter Umständen einer veränderten Transmission der Geldpolitik weg von den Konsumentenpreisen hin zu den Vermögenspreisen zugeschrieben werden muss (siehe Adrian und Shin 2008; Brunnermeier und Schnabel 2014; Schnabl 2015). Zwar fielen in Japan nach dem Platzen der Blase die Preise auf den Aktien- und Immobilienmärkten kontinuierlich bis zum Einsetzen der Abenomics im Jahr 2013. Doch trug japanisches Kapital (und damit auch die japanische Geldpolitik) zu neuen Übertreibungen in anderen Ländern bei, z. B. in Südostasien, dem US-Hypothekenmarkt oder in China (siehe Schnabl und Hoffmann 2008 bzw. Schnabl 2016b).

Der Deflationsdruck bei den Vermögenspreisen wurde zunächst weithin als treibender Faktor für die strukturelle Schwäche des Bankensystems gesehen. Koo (2003) spricht von einer Bilanzrezession: Unternehmen, Haushalte und Banken versuchen durch Sparen (bzw. Zurückhaltung bei Investitionen) Wertverluste

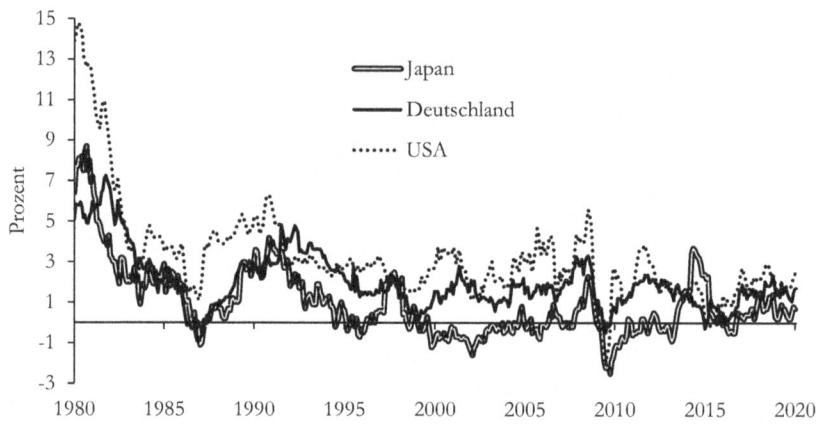

Abb. 2.4 Konsumentenpreisinflation in Japan, Deutschland und USA. (Quelle: IWF)

bei Vermögenswerten allmählich auszugleichen. Dies behindert die wirtschaft-liche Erholung so lange dieser Konsolidierungsprozess anhält, weil Konsum und Investitionen schwach bleiben. Dies impliziert, dass die wirtschaftliche Erholung einsetzt, sobald sich die Schuldner an die gefallenen Vermögenspreise angepasst haben. Dieser Effekt ist in Japan jedoch bisher ausgeblieben.

Die anhaltende Stagnation Japans war bis zu den Abenomics – trotz bespielloser monetärer Expansion – in der Tendenz mit einem fortbestehenden Aufwertungsdruck auf den japanischen Yen verbunden (siehe Abb. 2.5). Erst die Abenomics konnten zeitweise eine starke Yen-Abwertung bewirken. Der latente Aufwertungsdruck auf den japanischen Yen resultiert nach Goyal und McKinnon (2003) aus den kontinuierlichen Leistungsbilanzüberschüssen Japans, die zu einem stetigen Aufbau des Nettoauslandsvermögens des Landes geführt haben. Da das japanische Nettoauslandsvermögen überwiegend in Fremdwährung (ins-besondere Dollar) angelegt ist, wird auf den internationalen Finanzmärkten angenommen, dass das japanische Dollarvermögen jederzeit in Yen zurück-getauscht werden kann. Der Yen würde in diesem Fall aufwerten.

Da eine Aufwertung des Yen aufgrund der großen und (in der anhaltenden Stagnation) wachsenden Exportabhängigkeit der japanischen Wirtschaft aber das Wachstum noch weiter gebremst hätte bzw. bremsen würde, war bzw. ist der Druck auf die Bank von Japan groß, die Geldpolitik ausreichend expansiv zu gestalten, um einer Repatriierung des japanischen Auslandsvermögens vorzu-greifen. Damit kann bei einer anhaltend expansiven Geldpolitik in den USA die

Abb. 2.5 Wechselkurs Yen/Dollar. (Quelle: IWF)

expansive Geldpolitik der Bank von Japan als von außen vorbestimmt gesehen werden.[4] Wenn die US-amerikanische Fed den Zins senkt oder die Bilanz aufwertet, wird die Bank von Japan folgen, um eine Aufwertung des Yen zu vermeiden. Ein Ausstieg aus der sehr lockeren Geldpolitik Japans ist deshalb nur möglich, wenn auch die USA langfristig die Zinsen wieder anheben.

2.3 Verschiebung internationaler und regionaler Wirtschaftskraft seit 1990

Die anhaltende Stagnation brachte sowohl eine Verschiebung der globalen als auch der regionalen Wirtschaftskraft innerhalb von Japan mit sich. Mit der anhaltenden Stagnation in Japan verschob sich die wirtschaftliche Dynamik zugunsten des Auslandes (siehe Abb. 2.6). Die Vereinigten Staaten und viele aufstrebende Volkswirtschaften in Japans Nachbarschaft (insbesondere in

---

[4]Siehe Latsos und Schnabl (2018) für einen Vergleich zwischen Japan und der Schweiz. Gemäß der offenen Zinsparität muss im Zwei-Länder-Modell der Zins in dem Land niedriger liegen, das aufgrund des hohen fremdwährungsdenominierten Auslandsvermögens persistente Aufwertungserwartungen hat. Dies ist sowohl für Japan (gegenüber den USA) als auch für die Schweiz (gegenüber Deutschland/Eurogebiet) seit 1980 der Fall.

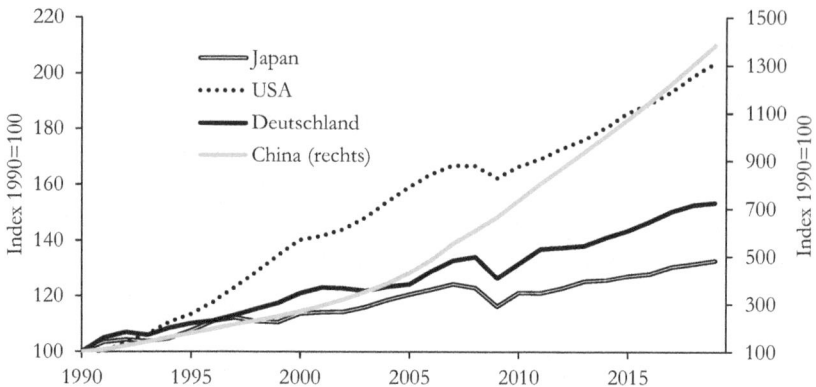

Abb. 2.6 Reales Bruttoinlandsprodukt. (Quelle: IWF, reales BIP indiziert auf 1990 = 100. Achse mit anderer Skalierung für China)

Südostasien sowie China) wuchsen schneller als Japan. Japan blieb aber über seine Leistungsbilanzüberschüsse und die damit verbundenen Nettokapital-exporte[5] an den Wachstumsdynamiken des Auslandes beteiligt. Insbesondere die schnell wachsenden Nachbarregionen in Südostasien (einschließlich China) boten lange Zeit große Chancen für die japanische Exportindustrie. Zudem boten Japans schnell wachsende Nachbarländer gute Investitionsmöglichkeiten für Kapital in Form von Direktinvestitionen und Bankkrediten. Vor allem die Finanzmärkte in den USA (und Europa) blieben wichtige Ziele für Portfolio-Investitionen, deren Wert jedoch aus der Sicht japanischer Anleger anfällig für Wechselkursschwankungen des japanischen Yen (gegenüber dem Dollar) ist.

Die wachsende Bedeutung des Auslandsgeschäfts für Unternehmen und Banken lässt eine Verschiebung der Wettbewerbsbedingungen zugunsten großer Unternehmen und großer Banken vermuten. Der international sehr wettbewerbs-fähige Exportsektor Japans stützt sich vor allem auf die weltweit bekannten Großunternehmen wie Toyota, Honda, Nissan, Mitsubishi, Sony, Panasonic, Canon, Bridgestone und Hitachi etc. Die Klein- und Mittelunternehmen waren

---

[5]Der Leistungsbilanzbilanzüberschuss entspricht entsprechend der Zahlungsbilanzidentität den Nettokapitalexporten eines Landes. Japan (und Deutschland) exportieren das Kapital, das es den Handelspartnern mit Nettokapitalimporten und Leistungsbilanzdefiziten ermög-licht, die japanischen und deutschen Exportgüter zu kaufen (Schnabl 1999).

und sind stärker auf den inländischen Markt ausgerichtet und sind oft nur indirekt als Zulieferer von Großunternehmen mit den Weltmärkten verbunden. Sie sind damit an den Exporten weniger direkt als indirekt beteiligt. Ähnlich waren traditionell überwiegend die großen City-Banken im Auslandsgeschäft tätig, während sich das Geschäft der Regionalbanken und der Shinkin-Banken auf ihre Präfektur, Stadt oder Gemeinde konzentrierte. Die Verlagerung der wirtschaftlichen Dynamik zugunsten des Auslandes begünstigte deshalb relativ große Banken und Unternehmen. Dies war tendenziell zum Nachteil von kleinen und mittleren Banken und Unternehmen.

Damit hat sich auch die Wirtschaftskraft innerhalb von Japan verschoben. Da sich die international tätigen großen Unternehmen auf die wirtschaftlichen Zentren wie den Großraum Tokio, Osaka und Nagoya konzentrieren, blieb die wirtschaftliche Entwicklung in den wirtschaftlichen Zentren vergleichsweise robust. Das Wachstum in der Peripherie stagnierte hingegen, was wiederum die Abwanderung junger Menschen vor allem in den Großraum Tokio begünstigte. Die für das gesamte Japan weitgehend stagnierende Wirtschaftskraft verschob sich im Verlauf der Krise immer weiter zugunsten der Wirtschaftszentren. Abb. 2.7 zeigt die Veränderung der Wirtschaftskraft der japanischen Peripherie in Relation zu den wirtschaftlichen Zentren Aichi (Toyota), Osaka und Kanto

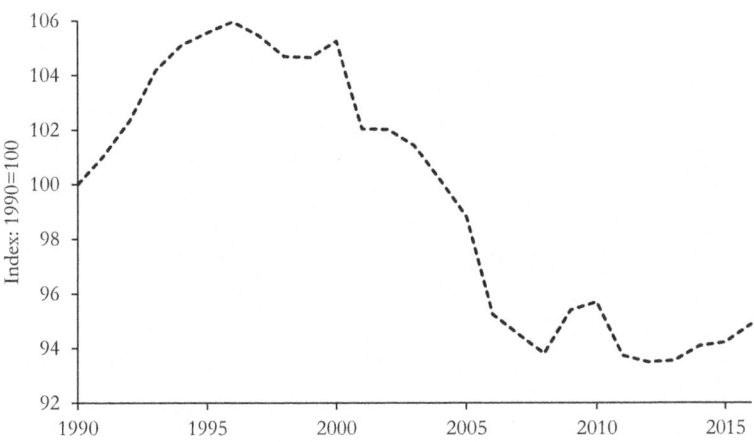

Abb. 2.7 Bruttoinlandprodukt der Peripherie im Vergleich zum Zentrum. (Quelle: IWF. Wirtschaftsleistung vom Rest des Landes im Vergleich zur Summe aus Aichi (Toyota), Osaka und Kanto (Tokio plus die angrenzenden Präfekturen Chiba, Kanagawa, Gunma, Tojigi, Saitama und Ibaraki). Indiziert auf 1990 = 100)

(Tokio plus die angrenzenden Präfekturen Chiba, Kanagawa, Gunma, Tojigi, Saitama und Ibaraki). Ohne einen sehr umfassenden regionalen Finanzausgleich, der zunehmend das Budget des Zentralstaates belastete und so die Staatsverschuldung noch oben trieb, wäre die Verschiebung regionaler Wirtschaftskraft noch deutlicher ausgefallen (Fischer und Schnabl 2018).

2.4   Wirtschaftspolitische Reaktionen

Die wirtschaftspolitische Reaktion in Japan auf das Platzen der Blasen auf den Aktien- und Immobilienmärkten und die darauffolgende anhaltende Stagnation konzentrierte sich auf expansive Makropolitiken (während geplante Strukturreformen zögerlich umgesetzt oder immer wieder verschoben wurden). Nachdem die Bank von Japan in Reaktion auf das Platzen der Blase die Zinsen bis 1991 noch hochgehalten hatte, senkte sie die Leitzinsen in der Folgezeit kontinuierlich. Im Jahr 1995 stand der Geldmarktzins bei 0,5 %. Im Verlauf der japanischen Finanzmarktkrise wurde die Marke von 0 % erreicht (siehe Abb. 2.8). Dort ist der kurzfristige Zins – trotz einiger kurzer Ausstiegsversuche – bis ins Jahr

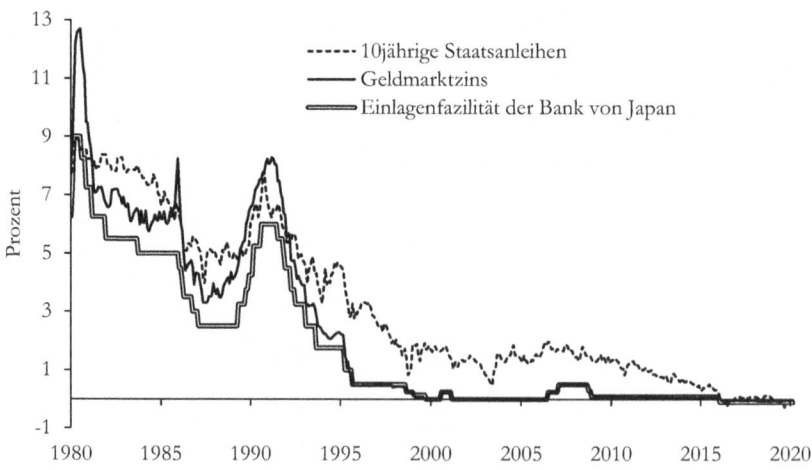

Abb. 2.8   Japan: Kurz- und langfristige Zinsen. (Quelle: IWF und Bank von Japan)

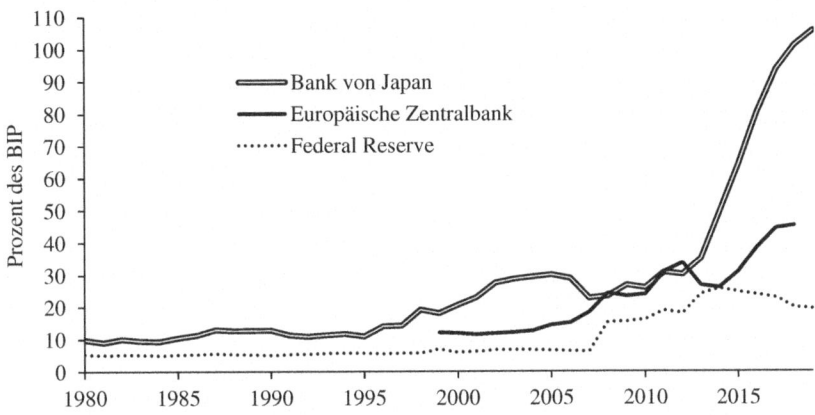

Abb. 2.9 Zentralbankbilanzen als Anteil am Bruttoinlandsprodukt. (Quelle: IWF)

2020 verblieben. Im Februar 2016 senkte die Bank von Japan unter Zentralbank-präsident Kuroda den Zins auf einen Teil der Einlagen bei der Bank von Japan auf −0,1 %.[6]

Auf die Niedrig- und Nullzinspolitik folgte seit dem Jahr 2001 eine unkonventionelle Geldpolitik, die sich im Kern auf den Ankauf von Staatsanleihen und damit Zinssenkungen am langen Ende der Zinsstrukturkurve konzentrierte. Abb. 2.9 zeigt den entsprechenden Anstieg des Volumens der Bilanz der Bank von Japan im Vergleich zu der Bilanz der Federal Reserve und der Europäischen Zentralbank (alle gemessen in Prozent des Bruttoinlandsprodukts). Abb. 2.9 zeigt auch, dass sich mit den sogenannten Abenomics ab Januar 2013 dieser Prozess nochmals deutlich beschleunigt hat. Ab Januar 2013 sollte im Rahmen einer „quantitativen und qualitativen Lockerung" das 2 %-Inflationsziel innerhalb von zwei Jahren erreicht werden. Die Bank von Japan weitete dazu die Ankäufe von Wertpapieren von 17 (2012) auf 68 Billionen Yen pro Jahr (2013) aus.

---

[6]Zum Zeitpunkt des Beschlusses bereits bestehende Einlagen („Basic Balance") werden weiterhin mit 0,1 % verzinst. Ein Zins von null gilt für die Einlagen von Institutionen, die Einlagen bei der Bank von Japan halten müssen, sowie für Zinsen auf die unterschiedlichen Kreditunterstützungsprogramme („Macro Add-on Balance"). Der Zins von −0,1 % gilt für alle anderen (neuen) Einlagen, die nicht unter die ersten beiden Kategorien fallen.

Nachdem im Jahr 2015 die im Zuge einer Mehrwertsteuererhöhung im Jahr 2014 angestiegene Inflation wieder gefallen war, erhöhte die Bank von Japan ab Januar 2016 die Käufe von Staatsanleihen auf maximal 80 Billionen Yen (ca. 680 Mrd. EUR) pro Jahr ohne vordefinierten Endpunkt. Zusätzlich zu den Staatsanleihen kauft die Bank von Japan seither in geringerem Umfang Exchange Traded Funds (ETF) und Immobilienfonds. Da die Staatsanleihekäufe langsam an ihre Grenzen stoßen, haben die Ankäufe von Exchange Traded Funds (ETF) stark zugenommen. Das Volumen der Zentralbankbilanz als Anteil am BIP ist von 35 % vor Einsetzen der Abenomics (Jan. 2013) auf ca. 100 % im Jahr 2019 gestiegen (2019 EZB ca. 40 %) (Abb. 2.9). Mit der im September 2016 angekündigten „quantitativen und qualitativen Lockerung mit Kontrolle der Zinsstrukturkurve" kontrolliert die Bank von Japan die gesamte Zinsstrukturkurve, wobei der Zielwert für den Zins auf 10jährige Staatsanleihen auf 0 % gesetzt wurde. Mit der Corona-Krise kam es ab April 2020 zu einer weiteren deutlichen Ausweitung der Zentralbankbilanz.

Da mit dem Platzen der Blasen in den frühen 1990er Jahren das Wachstum stagnierte, sah sich die japanische Zentralregierung immer wieder zu keynesianischen Konjunkturprogrammen gezwungen. Zudem erzwangen die anhaltende Stagnation in den wirtschaftlichen schwachen Regionen Japans sowie die alternde Bevölkerung zunehmende Subventionen in den regionalen Finanzausgleich (Local Allocation Tax) und in die sozialen Sicherungssysteme (Fischer und Schnabl 2016). Beide Ausgabenkategorien zusammen erreichten um das Jahr 2010 fast 100 % der Steuereinnahmen der Zentralregierung, sodass die Bruttostaatsverschuldung von 67 % im Jahr 1990 auf derzeit ca. 240 % angestiegen ist.

Die Rekapitalisierung der japanischen Banken erfolgte aus zwei Gründen vergleichsweise spät ab dem Jahr 1998 (in Reaktion auf die japanische Finanzmarktkrise). Erstens war die Rekapitalisierung der Banken bei den Wählern unpopulär, weil die Banken als Verursacher der wirtschaftlichen Misere angesehen wurden. Zweitens erlaubte es in den 1990er Jahren die Niedrigzinspolitik der Bank von Japan zunächst die Bankbilanzen durch lukrative Kreditvergabe in Südostasien zeitweise zu stabilisieren. Geld wurde zu sehr günstigen Zinsen in Japan aufgenommen und zu vergleichsweise hohen Zinsen/Renditen in Südostasien angelegt. Da die südostasiatischen Tigerstaaten ihre Währungen an den Dollar gebunden hatten, wurde das Wechselkursrisiko als vergleichsweise gering angesehen. Der Kapitalzufluss aus Japan in die südostasiatischen Tigerstaaten befeuerte nicht nur das dortige Wirtschaftswunder. Mit dem Ausbruch der Asienkrise (1997/1998), die die japanische Finanzmarktkrise (1998/1999) nach sich zog, geriet der japanische Bankensektor unter einen stärkeren Konsolidierungsdruck.

Im Oktober 1998 trat das Gesetz zur schnellen Gesundung des Kreditwesens (金融機能の早期健全化のための緊急措置に関する法律) in Kraft, das die Banken verpflichtete, detaillierte Informationen über ihre notleidenden Kredite offenzulegen. Das Gesetz erlaubte ferner die Verstaatlichung von Banken. Im gleichen Jahr trat das Gesetz zu Notmaßnahmen zur Wiederbelebung des Kreditwesens (金融機能の再生のための緊急措置に関する法律) in Kraft, das die Rekapitalisierung der Banken durch den Staat (auch zwangsweise) ermöglichte. Im März 1999 wurden alle Großbanken mit insgesamt ca. 80 Mrd. EUR rekapitalisiert (siehe Abschn. 5.5). Bis März 2001 wurden 169 Kreditinstitute verstaatlicht. Die übernommenen Kreditinstitute hatten bis dahin in großem Umfang Staatsgelder erhalten (Montgomery 2007).

2.5 Kreditgarantien und staatliche Kredite für Klein und Mittelunternehmen

Den Banken wurde in der Krise immer wieder durch Kreditgarantien für Unternehmen geholfen, was vor allem auch die Regionalbanken stützte. Im Oktober 1998 trat das Special Credit Guarantee System (特別信用保証制度) in Kraft, um die Insolvenz von Klein- und Mittelunternehmen wegen einer (möglichen) Kreditklemme zu verhindern. Über die Japan Federation of Guarantee Corporations (信用保証協会), die in allen Präfekturen vertreten sind, wurde das Special Credit Guarantee System umgesetzt, das bis März 2001 galt. Die Japan Federation of Gurantee Corporations gaben vielen Klein- und Mittelunternehmen 100 % Garantien für ihre Kredite bei den Banken.

In Reaktion auf die von der US-Hypothekenmarktkrise ausgelöste globale Finanz- und Schuldenkrise (ab 2008) wurde das Emergency Guarantee System (緊急保証制度) eingesetzt. Es funktionierte ähnlich wie das Special Credit Guarantee System und galt von Oktober 2008 bis April 2011. Die Bonitätsprüfung von Klein- und Mittelunternehmen erfolgte durch die Japan Federation of Guarantee Corporations. Seit 2012 zwingt das Law on Comprehensive Measures to Facilitate the Financing for Small and Medium-Sized Enterprises[7] Banken ihre Kredite an Klein- und Mittelunternehmen fortzuführen, auch wenn diese ausfallgefährdet sind.

---

[7]Siehe https://www.fsa.go.jp/en/refer/index.html#bill. Das Gesetz ist als Ergebnis der verlorenen Wahlen von Premierminister Koizumi im Jahr 2009 zu sehen. Koizumi erhielt damals die Quittung der Wähler für seine Reformbemühungen.

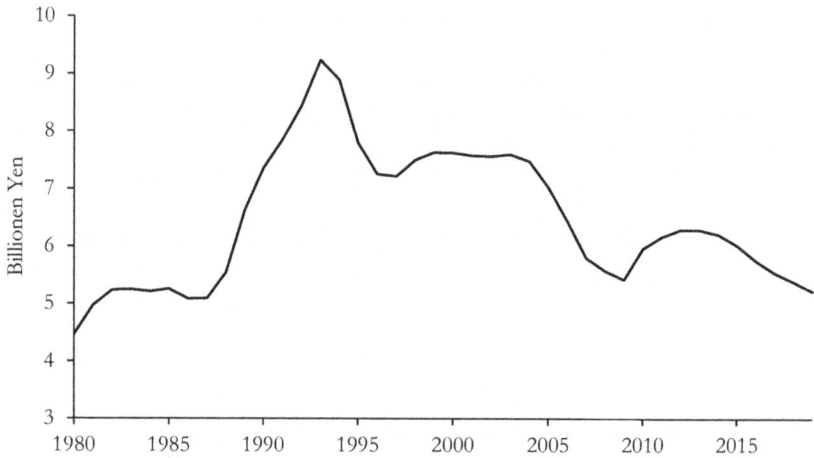

Abb. 2.10 Öffentliches Kreditvolumen an Klein- und Mittelunternehmen. (Quelle: Japan, Ministry of Finance, Policy Research Institute. Kreditvergabe der JFC und JASME an Klein- und Mittelunternehmen. Bestand zum jeweiligen Jahresende)

Neben den Kreditgarantien stellte die staatliche Japan Finance Corporation (日本政策金融公庫), die 2007 entstand, sicher, dass Klein- und Mittelunternehmen mit geringer Kreditwürdigkeit im Verlauf der langen Stagnation nicht von der Kreditvergabe der Geschäftsbanken abgeschnitten wurden. Abb. 2.10 zeigt das Volumen der Kredite, das von der Japan Finance Corporation for Small and Medium Enterprise (JASME) bzw. seit 2009 von der Japan Finance Corporation (JFC) vergeben wurde. Dieses bleibt bis 2005 weitgehend konstant und sinkt dann ab. Dies zeigt, dass risikoreiches Kreditgeschäft an den Geschäftsbankensektor abgegeben wurde.

Die Auswirkungen der Kreditgarantien sind umstritten. Yamori et al. (2013) argumentieren, dass staatliche Kreditgarantien den Finanzsektor in der globalen Finanzkrise maßgeblich stabilisiert haben. Tab. 2.1 zeigt einen Überblick über die Banken, die unter dem Financial Function Strengthening Act (金融機能 強化法) von Dezember 2008 Kapitalspritzen erhalten haben. Im November 2008 veränderte die Financial Services Agency die Regeln zur Definition notleidender Kredite. Denn Firmen scheuten unter dem alten Gesetz davor zurück, eine Restrukturierung der Kredite zu beantragen, weil die Banken die Kreditvergabe an Unternehmen mit reduzierter Kreditwürdigkeit einschränken mussten.

Tab. 2.1   Kapitalspritzen unter dem Financial Function Strengthening Act

Finanzinstitution	Datum der Kapitalspritze	Summe in 100 Mio. Yen
Hokuyo Bank	März 2009	1000
Fukuho Bank	März 2009	60
Minami Nihon Bank	März 2009	150
Michinoku Bank	September 2009	200
Kirayaka Bank	September 2009	200
Daisan Bank	September 2009	300
Shinkumi Federation Bank	September 2009	450
Towa Bank	Dezember 2009	350
Kouchi Bank	Dezember 2009	150
Fidea Holdings (Hokuto Bank)	März 2010	100
Miyazaki Taiyo Bank	März 2010	130

Quelle: Deposit Insurance Corporation of Japan. Weitere Kapitalspritzen über den Ankauf von Vorzugsaktien

Die Banken scheuten ebenfalls vor der Restrukturierung zurück, weil sie Abschreibungen vornehmen hätten müssen, die das Eigenkapital reduziert hätten. Nach der neuen Regel konnten die Unternehmen den Status der Kreditwürdigkeit beibehalten, wenn sie einen glaubwürdigen Restrukturierungsplan vorlegten und erwartet werden konnte, dass diese eine normale Kreditwürdigkeit innerhalb von fünf bzw. zehn Jahren erreichen.

Uesugi et al. (2006) argumentieren, dass die Kreditgarantien die Kreditklemme gemindert haben. Da für Kredite aber keine strengen Sicherheiten und Bürgschaften mehr nötig waren, hätten die Unternehmer keine Anreize mehr für Restrukturierungen gehabt. Uchida (2010) argumentiert, dass die Kriterien zu locker waren und somit eigentlich nicht lebensfähige Unternehmen am Leben erhalten wurden oder deren Bankrott zumindest verschleppt wurde (siehe auch Abschn. 4.4).

Sekine et al. (2003) sehen die Kreditvergabe der japanischen Banken als nachsichtig an *(forbearance lending),* was durch die immer expansivere Geldpolitik ermöglicht wurde. Peek und Rosengreen (2005) bezeichnen die Praxis japanischer Banken, Kredite an schwache und insolvente Firmen auszuweiten, als „Evergreening". In einem Wirtschaftssystem, in dem die Banken eine wichtige Aufgabe beim Monitoring von Firmen einnehmen, würde diese Praxis wesentlich zu schwachem Wachstum beitragen. Caballero et al. (2008) sprechen vom „Zombiebanken", die am Tropf der Zentralbank hängen, und mit billigen Krediten „Zombieunternehmen" am Leben erhalten. Hoffmann und Schnabl (2016) vergleichen dieses System mit den „*soft budget constraints*", wie sie nach Kornai (1986) in den sozialistischen Planwirtschaften galten: Ein staatlicher kontrollierter Bankensektor hielt unproduktive Unternehmen am Leben, um Arbeitslosigkeit zu vermeiden.

Seit dem Jahr 2019 gibt es Vorschläge, das japanische Monopolgesetz zu lockern, um den Regionalbanken Fusionen zu erleichtern, die darauf abzielen wettbewerbsfähig zu bleiben (Reuters 2019) (siehe auch Abschn. 7.6). Zuvor hatte es wachsende Bedenken über mögliche Zusammenbrüche gegeben. Premierminister Abe antwortete mit einem entsprechenden Gesetzentwurf auf Klagen der Banken, dass die Bank von Japan die Zinsmargen schmerzlich gedrückt habe. Die bisherigen Regeln hatten Fusionen von kleineren Banken außerhalb großer Städte verhindert, wenn die fusionierten Banken einen dominanten Marktanteil in der entsprechenden Region erlangt hätten. Nach dem Gesetz sollen die neuen fusionierten Banken sicherstellen, dass diese nicht auf „unfaire Weise" die Zinsen erhöhen. Die Aufweichung des Monopolgesetzes soll zeitlich beschränkt sein und von einer verstärkten Finanzmarktaufsicht begleitet werden.

Die Financial Services Agency (2019) nennt als wichtigste Punkte eines Politikpaketes, das die Entwicklung eines nachhaltigen Geschäftsmodells der Regional- und Shinkin-Banken sicherstellen soll, unter anderem folgende:

- Wettbewerbspolitik: Um die Dienstleistungen der Regionalbanken als regionale Infrastruktur zu erhalten und die lokale Wirtschaft wiederzubeleben, sollen in Kooperation mit den zuständigen Ministerien Ausnahmen vom Monopolgesetz formuliert werden.
- Deregulierung: Die Banken sollen ermutigt werden, die lokalen Unternehmen zu Produktivitätsgewinnen zu drängen. Dazu sollen die Banken mehr als die bisher erlaubten 5 % der Anteile von Unternehmen halten können.
- Das Versetzen von Arbeitskräften innerhalb der Finanzinstitute soll erleichtert werden, um kundenorientierte Dienstleistungen zu sichern.
- Die Beschränkungen für das gegenseitige Halten von Aktien, das das Eigenkapital von Banken erhöht, sollen gelockert werden.

Literatur

Adrian, T., & Shin, H. (2008). Liquidity, monetary policy and financial cycles. *Current Issues in Economics and Finance, 14,* 1.

Bernanke, B. (2000). Japanese monetary policy. A case of self-induced paralysis? In R. Mikitani & A. Posen (Hrsg.) *Japan's financial crisis and its parallels to U.S. experience* (S. 149–166) Washington D.C.: Institute for International Economics.

Brunnermeier, M., & Schnabel, I. (2014). Bubbles and central banks: Historical perspectives. *Mimeo.*

Caballero, R., Hoshi, T., & Kashyap, A. (2008). Zombie lending and depressed restructuring in Japan. *American Economic Review, 98*(5),1943–1977.

Fischer, R., & Schnabl, G. (2018). Regional heterogeneity and the rise of public debt in Japan in the post-bubble crisis: Lessons for the EMU. *International Economics and Economic Policy 15*(2), 405–428.

Funabashi, Y. (1989). *Managing the dollar: From the Plaza to the Louvre.* Washington D.C.: Institute of International Economics.

Goyal, R., & McKinnon, R. (2003). Japan's negative risk premium in interest rates: The liquidity trap and the fall in bank lending. *The World Economy, 26,* 339–363.

Hoffmann, A., & Schnabl, G. (2016). The adverse effects of unconventional monetary policy. *Cato Journal, 36*(3), 449–484.

Holinski, N., Kool, C., & Muysken, J. (2012). Persistent macroeconomic imbalances in the euro area: Causes and consequences. *Federal Reserve Bank of St. Louis Review, 94*(1), 1–20.

Koo, R. (2003). *Balance sheet recession: Japan's struggle with uncharted economics and its global implications.* Hoboken: Wiley.

Kornai, J. (1986). The soft budget constraint. *Kyklos, 39*(1), 3–30.

Krugman, P. (2015). Rethinking Japan. *New York Times (online), 20*(10).

Montgomery, H. (2007). The effectiveness of bank recapitalization in Japan. *International Journal of Banking and Finance, 5*(1), 113–134.

Posen, A. (2000). The political economy of deflationary monetary policy. In R. Mikitani & A. Posen (Hrsg.) *Japan's financial crisis and its parallels to U.S. experience* (S. 194–208). Washington D.C.: Institute for International Economics.

Peek, J., & Rosengren, E. (2005). Unnatural selection: Perverse incentives and the misallocation of credit in Japan. *American Economic Review, 95*(4), 1144–1166.

Reuters. (3. April 2019). Japan prepares to ease merger rules as regional banks struggle.

Schnabl, G. (1999). *Leistungsbilanz und Wirtschaftspolitik – das Beispiel Japan 1980–1996.* Eine theoretisch-empirische Analyse. Baden-Baden: Nomos.

Schnabl, G. (2015). Die gefährliche Missachtung der Vermögenspreisinflation. Zur Wirkungslosigkeit von Inflationszielen als geldpolitische Regelmechanismen. *Leviathan, 43*(2), 246–269.

Schnabl, G. (2016). Exchange rate rate regime, financial market bubbles and long-term growth in China: Lessons from Japan. *China & World Economy, 25*(1), 32–57.

Schnabl, G. (2018). Fiscal divergence and current account imbalances in Europe. *Economists' Voice, 15,* 1.

Schnabl, G., & Hoffmann, A. (2008). Monetary policy, vagabonding liquidity and bursting bubbles in new and emerging markets – An overinvestment view. *The World Economy, 31*(9), 1226–1252.

Sekine, T., Kobayashi, K., & Saita, Y. (2003). Forbearance lending: The case of Japanese firms. *Bank of Japan Institute for Monetary and Economic Studies, 21*(2), 69–92.

Starbatty, J., & Schnabl, G. (22. August 1998). Im Strudel der japanischen Krise: Die Weltkonjunktur ist bedroht/Die Strukturprobleme Japans werden mit einem nachfragepolitischen Kraftakt zementiert. *Frankfurter Allgemeine Zeitung*, 13.

Taylor, J. (2007). Housing and monetary policy, *NBER Working Paper* 13682.

Uchida, H. (2010). 緊急保証制度とかつての特別保証制度の違い (The Difference between the Emergency Guarantee System and the then Special Credit Guarantee System), 立法と調査 301, 160–168

Uesugi, I., Sakai, K., & Yamashiro, G. (2006). Effectiveness of credit guarantees in the Japanese loan market. *Journal of the Japanese and International Economies, 24*(4), 457–480.

Yamori, N., Kondo, K., Tomimura, K., Shindo, Y., & Kenya, T. (2013). Japanese banking regulations and SMU finance under the global financial crisis. *Japanese Journal of Monetary and Financial Economics, 1*, 59–90.

Financial Services Agency (2019). Overview of the policy agenda from JFSA's initiatives for user oriented financial services in the new era, Tokyo.

Latsos, S. & Schnabl, G. (2018). Net Foreign Asset Positions and Appreciations Expectations on the Japanese Yen and the Swiss Franc. International Economics and Economic Policy 15(2), 261–280.

Die japanische Kreditwirtschaft in der Krise

3

Das Platzen der japanischen Blasenökonomie setzte das japanische Bankensystem, das im Verlauf der Blase noch von großen Gewinnen profitiert hatte, unter einen wachsenden Anpassungsdruck, der von den verschiedenen Bankentypen – City-Banken, Regionalbanken, Shinkin-Banken, Trust-Banken und Kreditkooperativen – unterschiedlich gemeistert wurde.

3.1 Struktur der japanischen Kreditwirtschaft

Die Struktur der japanischen Kreditwirtschaft ist europäischen Ländern ähnlich. Mit den Meiji-Reformen in der zweiten Hälfte des 19. Jahrhunderts wurde der institutionelle Rahmen Japans unter Berücksichtigung kultureller Besonderheiten europäischen Ländern angepasst. Dies gilt auch für die Kreditwirtschaft. Es bestehen sowohl überregional tätige Banken als auch Banken mit regional beschränkter Geschäftsausrichtung.[1]

Citybanken
Die sogenannten Citybanken (都市銀行) sind überregional tätige Großbanken, deren Geschäftstätigkeit sich auf die wirtschaftlichen Zentren (Tokio, Osaka, Nagoya) konzentriert. Die City-Banken waren traditionell in die sogenannten

---

[1]Zur Struktur des japanischen Bankensystems siehe Japanese Bankers Association (1989) sowie Liu und Wilson (2010).

Keiretsu (系列) als japanische Unternehmenskonglomerate integriert. Die Kreditvergabe erfolgte überwiegend an große Unternehmen (aber in jüngerer Zeit auch
mehr an Klein- und Mittelunternehmen). In den Unternehmenskonglomeraten
unterstützten die City-Banken das Auslandsgeschäft der nach dem Zweiten
Weltkrieg international sehr erfolgreichen japanischen Großunternehmen (meist
Industrie- und Handelsunternehmen).

1989 gab es 13 City-Banken (Bank of Tokyo, Daiichikangyo Bank, Daiwa
Bank, Fuji Bank, Hokkaido Takushoku Bank, Industrial Bank of Japan, Kyowa
Bank, Mitsubishi Bank, Mitsui Bank, Saitama Bank, Sanwa Bank, Sumitomo
Bank, Taiyo-Kobe Bank). Langfristige Kredite wurden von spezialisierten
Banken für langfristige Kredite (Long-Term Credit Bank of Japan und
Nippon Credit Bank) vergeben. Während der Blasenökonomie eröffneten die
City-Banken neben der traditionell im Ausland vertretenen (und auf Devisen-
geschäfte spezialisierten) Bank of Tokyo viele Filialen im Ausland. Diese wurden
im Verlauf der langen Krise zum Großteil wieder geschlossen. In der Krise durch-
liefen die City-Banken einen Fusionsprozess u. a. mit Trust-Banken, Wertpapier-
häusern und Banken für langfristige Kredite. Es entstanden fünf City-Banken
bzw. sogenannte „Mega-Banken" (Mizuho Bank, Bank of Tokyo Mitsubishi UFJ,
Sumitomo Mitsui Banking Corporation, Resona Bank, Resona Saitama Bank).
Die City- bzw. Mega-Banken sind über Holdings mit zahlreichen anderen Finanzinstitutionen verbunden, sodass sehr große Finanzkonglomerate (z. B. Mitsubishi
UFG Financial Group) entstanden sind. City-Banken haben einen breiten
Kundenstamm und bieten eine breite Palette von Produkten und Dienstleistungen
einschließlich Vermögensverwaltung an.

Regionalbanken
Japan ist in 48 Präfekturen (einschließlich der Großstadt Tokio) aufgeteilt. In
diesen Präfekturen sind traditionell die Regionalbanken (地方銀行) stark vertreten. Unter der amerikanischen Besatzung wurden diese nach dem Prinzip
„Eine-Präfektur-eine-Bank" (一県一行主義) neu geordnet. Diese Neuordnung
unterlag keiner strengen rechtlichen Abgrenzung der regionalen Tätigkeits-
bereiche. Diese wurde aber weitgehend von den Banken eingehalten. Die
Regionalbanken ersten Ranges (第一地方銀行) sind die führenden Banken in
der Region mit Zentralen in der Hauptstadt der Präfektur. Sie unterhalten enge
Geschäftsbeziehungen zu den regionalen Unternehmen (in der Regel Klein- und
Mittelunternehmen) sowie zu den regionalen Gebietskörperschaften (in der Regel
als deren Hausbank).

Die Regionalbanken nehmen die Einlagen der privaten und öffentlichen Haushalte sowie Unternehmen an und bieten die notwendigen Bankdienstleistungen.

Da die Ersparnisse der Haushalte meist das nachgefragte Kreditvolumen über-
stiegen, wurden Einlagen an die City-Banken weitergereicht. 1990 gab es 64
Regionalbanken ersten Ranges, die über ca. 50 % der Bankeinlagen der Haushalte verfügten. Im Gegensatz zu den Sparkassen in Deutschland haben die
Regionalbanken keinen gemeinsamen Namen, kein gemeinsames Logo und keine
gemeinsame überregionale Dachorganisation. Da Japan größer als Deutschland ist
und weniger Präfekturen als Deutschland Landkreise hat, ist die durchschnittliche
Regionalbank größer als die durchschnittliche deutsche Sparkasse.

Die Regionalbanken zweiten Ranges (第二地方銀行) haben einen unterschiedlichen Ursprung. Sie waren Kreditkooperativen (相互銀行), die sich auf
die Annahme von Einlagen sowie die regionale Vergabe von Krediten an Klein-
und Mittelunternehmen spezialisiert hatten. Ihr Tätigkeitsbereich (und damit auch
die Bilanzsummen) waren in der Regel kleiner als die der Regionalbanken ersten
Ranges. Sie verfüg(t)en aufgrund der unterschiedlichen Geschichte über weniger
Kapital. 1989 gab es 68 Regionalbanken zweiten Ranges. Das Sogo-Bank-Gesetz
der Nachkriegszeit wurde im Zeitablauf mehrfach verändert, um den Geschäftsbereich auszuweiten. Mit den Reformen des Jahres 1989 wurden die Unter-
schiede zwischen den Regionalbanken ersten und zweiten Ranges beseitigt,
sodass beide Bankengruppen ein sehr ähnliches Geschäftsmodell haben. Sie
standen damit auch zunehmend in Konkurrenz zueinander.

Die Regionalbanken dienen als Hausbanken der Präfekturen, Städte und
Gemeinden, sodass Steuerzahlungen, Zahlungen der öffentlichen Institutionen
wie Gehälter und Transfers über die Regionalbanken laufen. Die Klein- und
Mittelunternehmen der Regionen sind nicht nur die wichtigsten Kunden der
Regionalbanken, sondern auch die wichtigsten Steuerzahler und Arbeitgeber.
Da die Regionalbanken politisch gut vernetzt sind, sind ihre Geschäftsmotive
nicht rein gewinnorientiert (Choe 2007). Die starke Verbindung von regionalen
Gebietskörperschaften, Regionalbanken und Klein- und Mittelunternehmen
aus den entsprechenden Regionen tragen dazu bei, dass die Geschäftstätigkeit
in der Regel stark regional beschränkt ist. Dennoch haben Regionalbanken aus
wirtschaftlichen schwachen Gebieten einen Anreiz, in wirtschaftlich stärkeren
Regionen tätig zu werden (Kondo 2015).

Die Regionalbanken sind in der Regel Aktiengesellschaften und haben das
Ziel, Gewinne zu erwirtschaften. Die Aktien werden zu ca. 50 % von Privathaus-
halten (aus der Region) und zu ca. 50 % von institutionellen Anlegern gehalten.
Mit der Finanzmarktliberalisierung des Jahres 1997 (Big Bang) wurde allen
Regionalbanken der Handel mit Wertpapieren erlaubt (Nihonkeizai Shinbun
19.8.1997). Diese verkauften zunächst die von spezialisierten Wertpapierfirmen
emittierten Investment-Zertifikate.

Die regionale Ausrichtung der Regionalbanken zeigt sich auch hinsichtlich deren Portfoliostruktur. Dort finden sich im Vergleich zu den City-Banken überproportional viele Anleihen von Städten und Gemeinden. Dies gilt, wie Abb. 3.1 zeigt, sowohl für Regionalbanken ersten Ranges als auch für Regionalbanken zweiten Ranges. Der Vergleich der Portfoliostruktur der unterschiedlichen Regionalbanken zeigt auch das unterschiedliche Größenverhältnis der beiden Regionalbankengruppen. Das aggregierte Portfolio der Regionalbanken ersten Ranges ist ca. 5 Mal so groß wie das aggregierte Portfolio der Regionalbanken

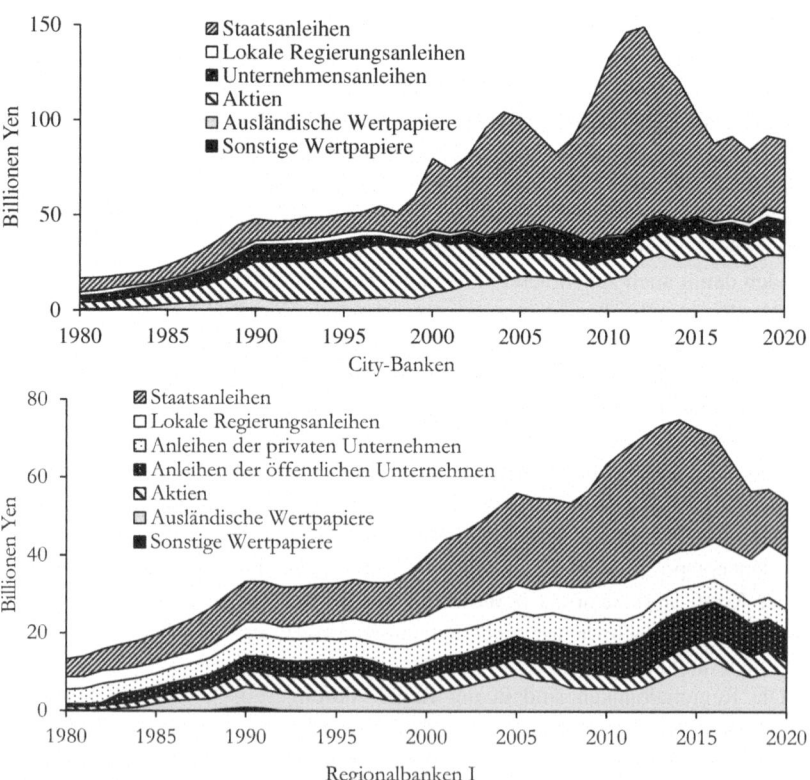

Abb. 3.1 Portfoliostruktur japanischer Banken. (Quelle: Bank of Japan, Financial Institutions Accounts. Keine Daten für die Shinkin-Banken für den Zeitraum von 1986 bis 1998 verfügbar)

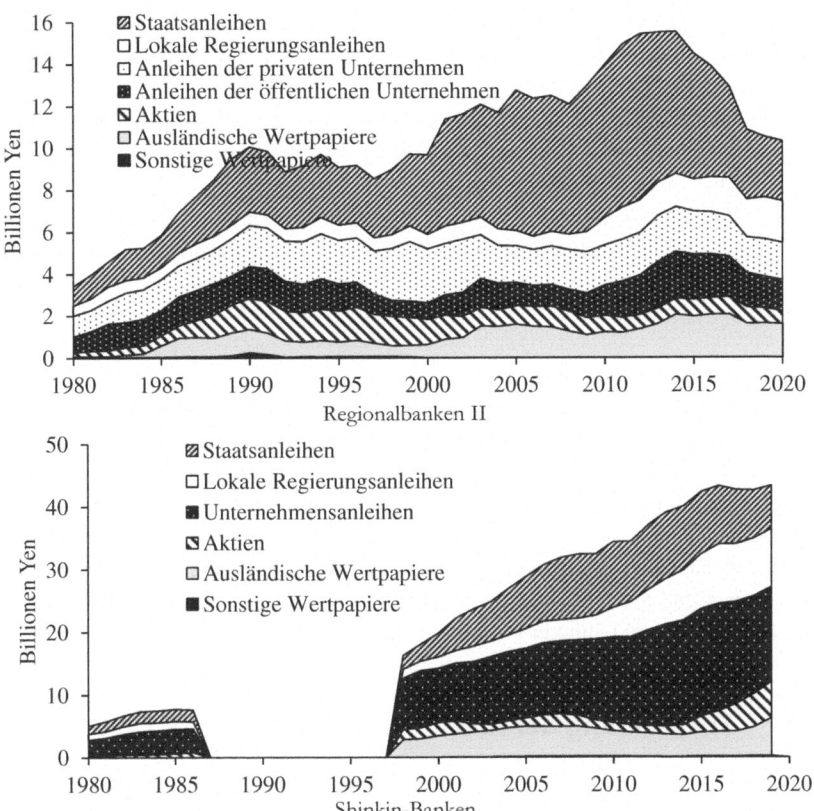

Abb. 3.1 (Fortsetzung)

zweiten Ranges. Das Portfolio der City-Banken ist ca. doppelt so groß wie das Portfolio der Regionalbanken ersten Ranges.

Shinkin-Banken

Shinkin-Banken (信用金庫) sind im Gegensatz zu den Regionalbanken Kooperativen ohne Gewinnerzielungsabsicht. Sie haben einen stark regionalen Fokus. Mitglieder sind vor allem Klein- und Mittelunternehmen und natürliche Personen aus der Region. Ihr Geschäftsbereich sind vor allem Dienstleistungen für die Mitglieder, z. B. Einlagengeschäft, Zielsparen und Abwicklung von

Zahlungsverkehr. Die Kreditvergabe an Nichtmitglieder ist auf 20 % der Gesamt-
kredite beschränkt. Shinkin-Banken handeln keine Wertpapiere. 1989 gab es noch
455 Shinkin-Banken.

Die Shinkin-Banken haben im Gegensatz zu den Regionalbanken eine
Dachorganisation, die National Federation of Shinkin Banks, deren Mitglieder alle Shinkin-Banken sind. Die Shinkin Central Bank, früher bekannt
als die Zenshinren Bank (全信連銀行) nimmt Einlagen der einzelnen Mitglieder an, vergibt Kredite und leistet Zahlungen. Zudem erfüllt sie Bankdienstleistungen für nationale und regionale Regierungsorganisationen und andere
Nonprofit-Organisationen.

Wertpapierfirmen und andere
Entsprechend dem US-amerikanischen Trennbankensystem (Glass-Steagall Act) gab
es in Japan traditionell eine Trennung von Bank- und Wertpapiergeschäft. Für das
Wertpapier- und Devisengeschäft war eine Lizenz des Finanzministeriums notwendig.
Wertpapierfirmen (証券会社) handeln Wertpapiere und sind im Fondsgeschäft tätig.
Außerdem gibt es viele weitere Banken wie Trust-Banken, Kreditkooperativen, Agrar-
kreditkooperativen etc. Zudem gibt es noch zahlreiche öffentliche Kreditinstitute. Die
große japanische Postbank wurde im Jahr 2015 privatisiert, sodass die Konkurrenz
mit den Regional- und Shinkin-Banken gewachsen ist.

3.2　　Entwicklung der Kredite und Einlagen seit 1990

Im Verlauf der japanischen Blasenökonomie war das Kreditvolumen des
japanischen Bankensektors stark angestiegen (siehe Abb. 3.2). Die Zinssenkungen der Bank von Japan in Reaktion auf die vom Plaza-Abkommen
(Sept. 1985) angestoßene Yen-Aufwertung löste einen Investitions-, Aktien- und
Immobilienboom aus. In vielen Fällen wurde Spekulation auf den Aktien- und
Immobilienmärkten mit Krediten finanziert, die mit im Wert wachsenden Aktien
und Immobilien besichert wurden (Bayoumi 2000). Der starke Anstieg des
aggregierten Bilanzvolumens des japanischen Bankensektors verlangsamte sich
zwar mit dem Platzen der Blasen auf dem Aktienmarkt (Dez. 1989) und dem
Immobilienmarkt (1991). Das Wachstum des Kreditvolumens setzte sich hingegen bis 1998 fort. Japanische Banken und Unternehmen partizipierten an dem
Boom in den südostasiatischen Tigerstaaten (Indonesien, Malaysia, Philippinen,
Südkorea, Thailand). Mit dem Ausbruch der Asienkrise (1997/1998) und der
damit verbundenen japanischen Finanzmarktkrise ging das aggregierte Kreditvolumen des japanischen Bankensektors schrittweise zurück und hat erst mit den
Abenomics wieder zugenommen (siehe Abb. 3.2).

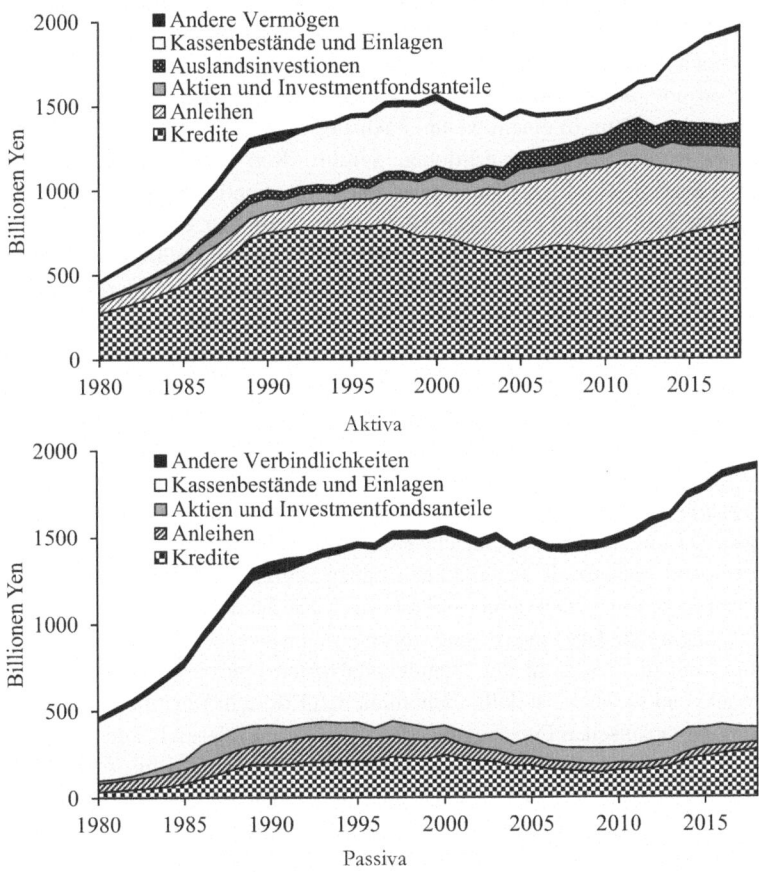

Abb. 3.2 Bilanzstruktur des japanischen Bankensektors., (Quelle: Cabinet Office, Government of Japan. Private und öffentliche Banken (ohne Bank von Japan))

Für den Rückgang des Kreditvolumens in Japan seit der japanischen Finanzmarktkrise, der als Kreditklemme bezeichnet wird (Ishikawa und Tsutsui 2006),[2] gibt es zwei Begründungen. Erstens wird argumentiert, dass der Verfall der Vermögenspreise negativ auf das Eigenkapital der Banken wirkte, weil Kreditnehmer

---

[2]Mit den Abenomics hat sich seit dem Jahr 2013 das Kreditwachstum wieder etwas belebt.

überschuldet waren oder die Banken direkt Aktien und Immobilien hielten (Posen 2000). Die negativen Auswirkungen auf das Eigenkapital hätten die Banken gezwungen Kredite einzuschränken. Dies habe sich negativ auf Investitionen und Konsum ausgewirkt. Die Einschränkung von Krediten an Unternehmen habe ceteris paribus zu einem weiteren Anstieg der Insolvenzen und damit einem weiteren Rückgang der Investitionen geführt. Koo (2003) spricht von einer Bilanzrezession. Um dieser kapitalmarktangebotsorientierten Kreditklemme entgegenzuwirken, wurden eine rasche Rekapitalisierung der Banken und expansive Geldpolitik als Therapien empfohlen (Posen 2000; Bernanke 2000).

Demgegenüber steht eine kapitalmarktnachfrageseitige Interpretation der Kreditklemme (Schnabl 2016): Die sehr expansive Geldpolitik hat für die Unternehmen die Kosten der Fremdfinanzierung deutlich reduziert. Entsprechend ist die Sparquote der Unternehmen deutlich angestiegen. Waren im Jahr 1990 die japanischen Unternehmen aggregiert noch Nachfrager auf dem Kapitalmarkt mit einem Finanzierungssaldo von ca. −12 % des Bruttoinlandsprodukts, dann wurden diese im Verlauf der geldpolitischen Krisenbewältigungsversuche aggregiert zum Nettosparer mit einem Finanzierungssaldo von derzeit ca. +5 % (Abb. 3.3, unterer Graph). Da im Verlauf der schleichenden Krisen die Absatzperspektiven und die Investitionen tendenziell abgenommen haben, ging bei sinkenden Investitionen die Nachfrage des Unternehmenssektors nach Krediten zurück. Insbesondere die exportorientierten Großunternehmen profitierten von der sehr expansiven Geldpolitik, weil diese sowohl die Fremdkapitalkosten reduzierte, als auch den Yen abwertete und so die meist dollar-denominierten Erlöse in Yen erhöhte.

Seit der japanischen Finanzmarktkrise stiegen die Einlagen bei den japanischen Banken tendenziell an, während die Kreditvergabe seit 1998 bis zum Einsetzen der Abenomics im Jahr 2013 stockte und hinter den Einlagen zurückblieb. Der Finanzierungssaldo der Haushalte lag zu Zeiten des Platzens der japanischen Blasenökonomie noch sehr hoch bei ca. 12 % des Bruttoinlandsprodukts (Abb. 3.3, oberer Graph). Seither ist der Finanzierungssaldo der Haushalte graduell gefallen und lag 2017 bei 2 % (Abb. 3.3, oberer Graph).[3] Seit Ausbruch der globalen Finanz- und Wirtschaftskrise war der Zuwachs der Einlagen der Unternehmen größer als bei den Haushalten.

---

[3]Die Niedrig-, Null- und Negativzinspolitik kommt einer Umverteilung vom Haushaltssektor zum Unternehmenssektor gleich, weil traditionell der Haushaltssektor über hohe Ersparnisse verfügt, während die Unternehmen verschuldet sind. Durch das kontinuierliche Absenken der Zinsen durch die Bank von Japan wurde den Haushalten eine Einnahmenquelle genommen, während die Fremdkapitalkosten der Unternehmen zunehmend gedrückt wurden.

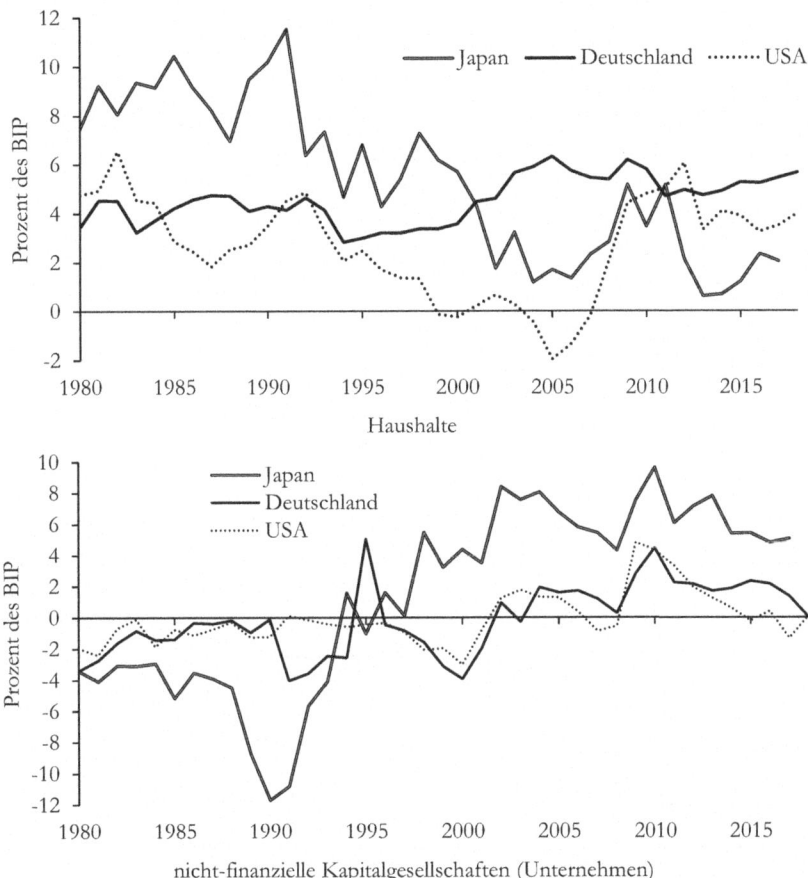

Abb. 3.3 Japan, Deutschland und USA: Finanzierungssaldo als Anteil am BIP. (Quelle: OECD, Cabinet Office (Japan), Federal Reserve (USA). Der Finanzierungssaldo ergibt sich als Differenz zwischen dem Bruttosparen abzüglich inter alia den Bruttoinvestitionen und den Abschreibungen)

Abb. 3.4 zeigt im oberen Teil für alle japanischen Banken die Entwicklung von Einlagen und Kreditvolumen. Während die Einlagen bis zum aktuellen Rand weiter angestiegen sind, stagnierte das Kreditvolumen. Das Kreditvolumen ist seit Einsetzen der Abenomics etwas angestiegen, konnte aber bei weitem nicht den deutlichen Anstieg der Einlagen kompensieren. Die Einlagen sind bei den

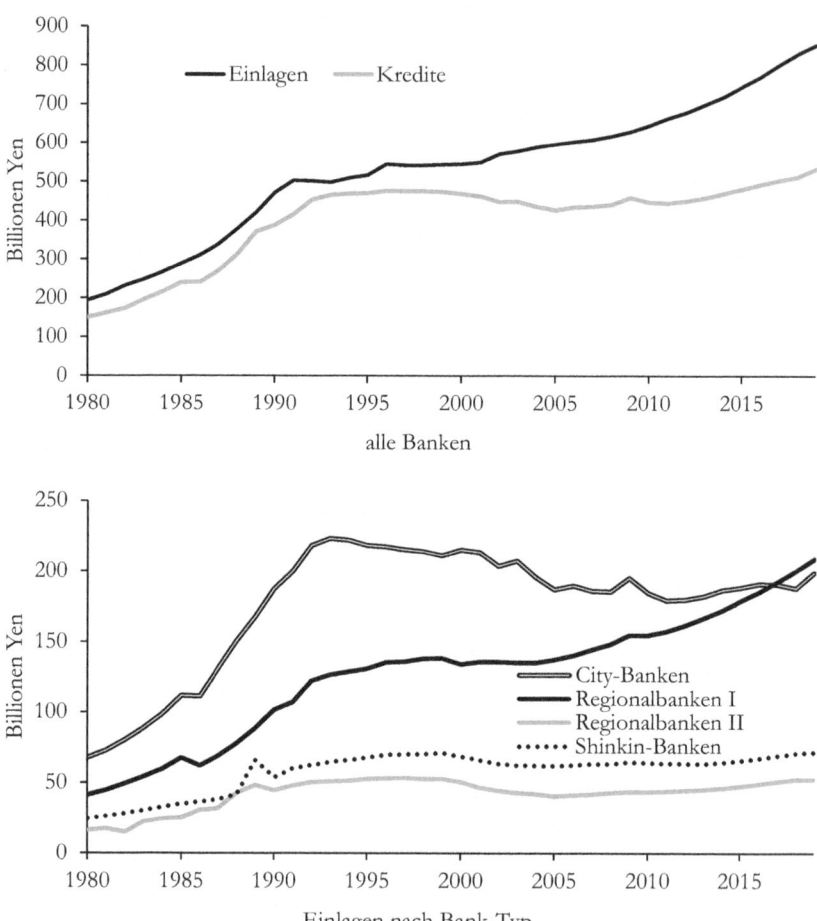

Abb. 3.4 Einlagen und Kredite bei japanischen Banken. (Quelle: Shinkin Central Bank Research Institut und Policy Research Institut des japanischen Finanzministeriums. Alle Banken sind Banken mit inländischer Lizenz einschließlich Shinkin-Banken)

Regionalbanken und Shinkin-Banken deutlich angestiegen, während sie bei den City-Banken etwas zurückgingen (Abb. 3.4, unterer Teil). Bei wachsenden Einlagen und sinkendem Kreditvolumen standen die japanischen Banken vor der Frage nach alternativen (renditeträchtigen) Anlageformen, was zu einem zunehmenden Ankauf von Staatsanleihen führte. Die vom gesamten Banken-sektor gehaltenen Wertpapiere stiegen von fast 300 Billionen (1990) auf 1113 Billionen Yen (2014). Bis zum Einsetzen der Abenomics waren damit Käufe von Staatsanleihen die wichtigste alternative Anlageform der japanischen Banken zu dem stagnierenden Kreditgeschäft.

3.3 Entwicklung der Margen für den gesamten Kreditsektor

Die Veränderungen im japanischen Bankensektor seit dem Platzen der Blasen-ökonomie und insbesondere seit der japanischen Finanzkrise waren nicht nur durch die strukturellen Veränderungen auf der Aktiv- und Passivseite der aggregierten Bilanzen des Bankensektors getrieben. Sie resultierten auch aus den Auswirkungen der Geldpolitik auf die Margen im Bankengeschäft. Sowohl bei der Kreditmarge, als auch bei der Transformationsmarge, als auch bei der Passivmarge mussten alle japanischen Banken Rückgänge verkraften. Die zunehmend expansive Geldpolitik der Bank von Japan wirkte zunächst über die Zinssenkungen im Geldmarkt indirekt auf langfristigere Zinsen.[4] Mit der unkon-ventionellen Geldpolitik, die ab dem Jahr 2001 einsetzte, wirkte die Bank von Japan auch direkt auf die langfristigen Zinsen ein. Dieser Prozess kulminierte in der „quantitativen und qualitativen Lockerung mit Steuerung der Zinsstruktur-kurve", die im September 2016 verkündet wurde.

Die Kreditmarge – definiert als durchschnittlicher Zins im Kreditneugeschäft minus den durchschnittlichen Einlagenzins im Neugeschäft – lag in den 1980er Jahren im Durchschnitt bei ca. 4,0 Prozentpunkten (obere Graphik von Abb. 3.5). Mit den Zinssenkungen auf null (bis März 1999) und der quantitativen Lockerung wurde die durchschnittliche Marge im Kreditgeschäft auf ca. einen Prozent-punkt gedrückt. Parallel zu der sinkenden Marge im Kreditgeschäft wurde auch die Marge zwischen der Verzinsung von langfristigen Staatsanleihen und Ein-lagenzinsen reduziert. Die Margen im Geschäft mit Staatsanleihen lagen zwar leicht unter den Margen im Kreditgeschäft. Mehr Staatsanleihen im Portfolio bedeuteten aber auch geringeren Personalaufwand, weil beim Kauf von Staats-anleihen keine aufwendige Risikoanalyse notwendig ist, was einen Ausgleich für

---

[4]Die langfristigen Zinsen werden als Summe der kurzfristigen Zinsen zuzüglich eines Inflationsaufschlages angesehen.

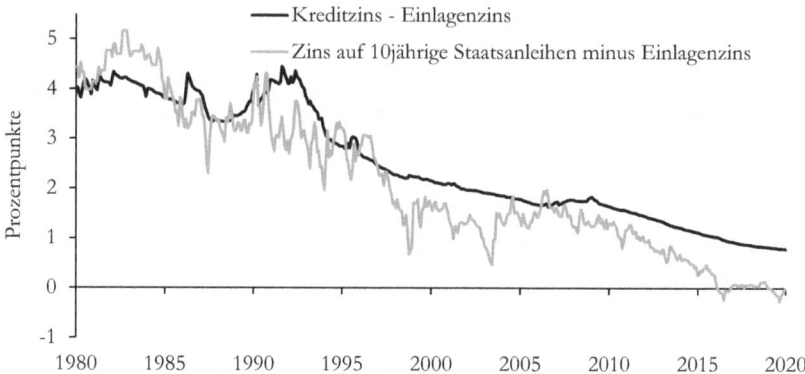

Kreditmarge (Kreditzins minus Einlagenzins) und Zins auf 10jährige Staatsanleihen minus Einlagenzins

Transformationsmarge (Zins auf 10jährige Staatsanleihen minus Geldmarktzins)

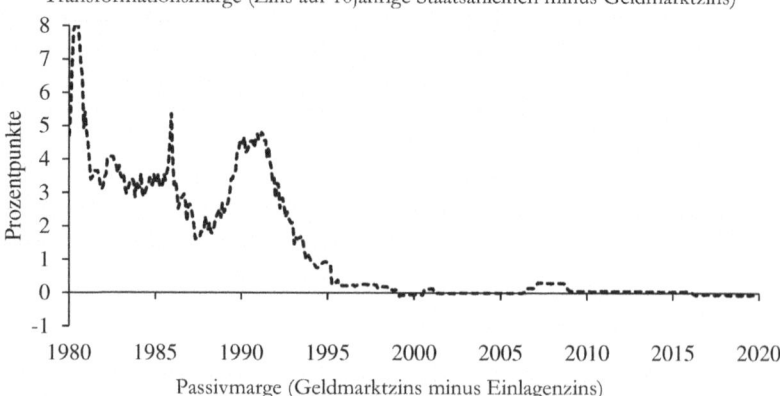

Passivmarge (Geldmarktzins minus Einlagenzins)

Abb. 3.5 Margen im japanischen Bankensektor. (Quelle: IMF)

sinkende Margen im Kreditgeschäft bot. Mit der Forcierung der Staatsanleihe-käufe durch die Bank von Japan im Zuge der Abenomics wurde diese Marge aber gegen null bzw. sogar ins Negative gedrückt.

Die Transformationsmarge – hier definiert als Differenz zwischen dem Zins von 10jährigen Staatsanleihen und dem Geldmarktzins – war in den 1980er Jahren volatil, lag aber bis zur japanischen Finanzmarktkrise im Durchschnitt bei über einem Prozentpunkt. Mit der globalen Finanz- und Schuldenkrise und insbesondere mit dem Einsetzen der Abenomics wurde die Transformationsmarge nochmals deutlich auf nahe null gedrückt (siehe mittlere Graphik in Abb. 3.5). Mit der „quantitativen und qualitativen Lockerung und der Steuerung der Zinsstrukturkurve" wurden im September 2016 Zielwerte für den Geld-marktzins (−0,1 %) und den Zins auf zehnjährige Staatsanleihen (0 %) fest-gesetzt, sodass für den 0- bis 10jährigen Bereich der Zinsstrukturkurve die Transformationsmarge im leicht positiven Bereich festgesetzt wurde.

Die Passivmarge – definiert als aktueller Geldmarktzins minus durchschnitt-lichen Einlagenzins auf Neueinlagen – war in den 1980er Jahren positiv und lag durchschnittlich bei ca. 3 Prozentpunkten. Mit dem Einsetzen der Zinssenkungen im Jahr 1991 fiel die Passivmarge schnell und erreichte 1999 einen Wert von null, wo sie bis ins Jahr 2016 verblieb. Seither ist sie leicht negativ (siehe untere Graphik von Abb. 3.5). Die Zinsüberschüsse der japanischen Banken sind deshalb über den Zeitverlauf deutlich zurückgegangen (siehe Kap. 4).

Literatur

Bayoumi, T., Collyns, C. (2000). *Post bubble blues. How Japan responded to asset price collapse*. Washington D.C.: International Monetary Fund.

Bernanke, B. (2000). Japanese monetary policy. A case of self-induced paralysis? In R. Mikitani & A. Posen (Hrsg.) *Japan's financial crisis and its parallels to U.S. experience* (S. 149–166). Washington D.C.: Institute for International Economics.

Choe, C. (2007). The political economy of SME financing and Japan's regional bank problems. *Pacific-Basin Economic Journal, 15*(4), 353–367.

Ishikawa, D., & Tsutsui, Y. (2006). Has a credit crunch occurred in Japan. *RIETI Discussion Paper* 06-E-012.

Japanese Bankers Association. (1989). *The banking system in Japan*, Tokyo.

Koo, R. (2003). *Balance sheet recession: Japan's struggle with uncharted economics and its global implications*. New Jersey: Wiley.

Kondo, K. (2015). Cross-prefecture expansion of regional banks in Japan and its effects on lending-based income. *Cogent Economics & Finance, 3*(1), 1–11.

Liu, H., & Wilson, J. (2010). the profitability of banks in Japan. *Applied Financial Economics, 20*(24), 1851–1866.

Nihonkeizai Shinbun Yukan (日本経済新聞夕刊). (19. August 1997). 銀行窓口販売可能
    に (Der Verkauf am Schalter wird möglich).
Posen, A. (2000). The political economy of deflationary monetary policy. In R. Mikitani &
    A. Posen (Hrsg.): *Japan's financial crisis and its parallels to U.S. experience* (S. 194–
    208.). Washington D.C.: Institute for International Economics.
Schnabl, G. (2016). Wege zu einer stabilitäts- und wachstumsorientierten Geldpolitik aus
    österreichischer Perspektive. *Listforum für Wirtschafts- und Finanzpolitik, 41*(2), 263–289.

Rolle der Klein- und Mittelunternehmen für die japanische Kreditwirtschaft

Während die japanische Wirtschaft seit Platzen der Blasenökonomie stagnierte und sich die Stagnation mit der japanischen Finanzmarktkrise nochmals verstärkte, waren Klein- und Mittelunternehmen stärker als Großunternehmen von der Krise betroffen. Diese sind stärker auf den Binnenmarkt ausgerichtet. Der Zugang zu ausländischen Märkten ist für diese Unternehmen schwieriger und risikoreicher. Die Regierung beantwortete die Krise mit gelockerten Kreditbedingungen, was mit einer sinkenden Wachstumsdynamik der Klein- und Mittelunternehmen einherging.

4.1 Die Bedeutung der Klein- und Mittelunternehmen für die japanische Wirtschaft

Japans Wirtschaftsstruktur und wirtschaftliche Entwicklung war seit Ende des Zweiten Weltkrieges stark von Klein- und Mittelunternehmen (KMU) geprägt. Deren Bedeutung für die wirtschaftliche Entwicklung wurde früh erkannt und ein Gesetz für Klein- und Mittelunternehmen (中小企業基本法) geschaffen. Das Gesetz erlegte der Regierung die Pflicht auf, unter anderem Unternehmensinnovationen und -gründungen zu fördern sowie die Finanzierung von Klein- und Mittelunternehmen zu erleichtern. Dafür wurde die Agentur für Klein- und Mittelunternehmen (中小企業庁) gegründet.

Als Kleinunternehmen werden nach dem Small and Medium-sized Enterprise Basic Act in der Industrie Unternehmen mit bis zu 20 Mitarbeitern eingestuft. Als Mittelunternehmen gelten in der Industrie Unternehmen mit bis 300 Mitarbeitern

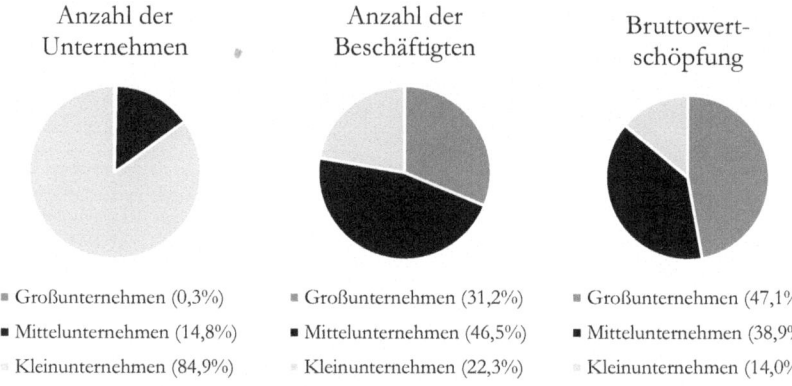

Anzahl der   Anzahl der   Bruttowert-
Unternehmen   Beschäftigten   schöpfung

- Großunternehmen (0,3%)   - Großunternehmen (31,2%)   - Großunternehmen (47,1%)
- Mittelunternehmen (14,8%)   - Mittelunternehmen (46,5%)   - Mittelunternehmen (38,9%)
- Kleinunternehmen (84,9%)   - Kleinunternehmen (22,3%)   - Kleinunternehmen (14,0%)

Abb. 4.1 Anzahl, Beschäftigte und Bruttowertschöpfung nach Unternehmensgröße. (Quelle: Small and Medium Enterprise Agency. Anzahl der Unternehmen und Beschäftigten 2016, Bruttowertschöpfung 2015)

bzw. bis zu einem Kapital von 300 Mio. Yen.[1] Das Finanzministerium folgt einer anderen Systematik. Es stuft die Größe der Unternehmen nach Bilanzsumme ein. Kleinunternehmen haben eine Bilanzsumme von 10 bis 100 Mio. Yen, Mittelunternehmen von 100 Mio. bis eine Milliarde Yen, und Großunternehmen eine Bilanzsumme über einer Milliarde Yen.

Zur jüngsten Erhebung des Ministeriums für Inneres und Kommunikation (総務省) sowie des Ministeriums für Wirtschaft, Handel und Industrie (METI) (経産省)[2] im Jahr 2016 waren nach der Einteilung des Small and Medium-sized Enterprise Basic Act 84,9 % der Unternehmen Kleinunternehmen, 14,8 % Mittelunternehmen sowie 0,3 % Großunternehmen (Abb. 4.1). In den Kleinunternehmen arbeiteten 22,3 % der Beschäftigten, in den Mittelunternehmen 46,5 % der Beschäftigten und in den Großunternehmen 31,2 % der Beschäftigten.

---

[1]Im Großhandel gilt eine Grenze von 5 (regulären) Mitarbeitern bei Kleinunternehmen. Bei Mittelunternehmen sind es 5 bis 100 Mitarbeiter bzw. ein Kapital von 100 Mio. Yen. Im Dienstleistungssektor gilt eine Grenze von 5 Mitarbeitern bei Kleinunternehmen. Bei Mittelunternehmen sind es 5 bis 100 Mitarbeiter bzw. ein Kapital von bis zu 100 Mio. Yen. Im Einzelhandel gelten Unternehmen mit bis 5 Mitarbeitern als Kleinunternehmen. Für Mittelunternehmen gilt im Einzelhandel eine Grenze von 5 bis 50 Mitarbeitern bzw. eine Kapitalgrenze von 50 Mio. Yen.
[2]Bis 2001 MITI (Ministry of International Trade and Industry, 通産省).

Die Bruttowertschöpfung verteilte sich im Jahr 2015 mit 47,1 % auf die Großunternehmen, 38,9 % auf die Mittelunternehmen und 14,0 % auf die Kleinunternehmen. Dies weist darauf hin, dass die Produktivität der japanischen Klein- und Mittelunternehmen vergleichsweise gering ist. Nach Zahlen der OECD liegt die Produktivität der japanischen Klein- und Mittelunternehmen auf Platz 20 unter 31 OECD-Ländern (OECD 2019).

4.2   Die Entwicklung der KMUs seit 1990

Die anhaltende Stagnation seit den 1990er Jahren stellte die Klein- und Mittelunternehmen vor besondere Herausforderungen, da insbesondere die Binnennachfrage im Vergleich zur Auslandsnachfrage stagnierte. Nach Inui et al. (2014) ist in der Industrie der Anteil der exportorientierten Unternehmen bei den Klein- und Mittelunternehmen deutlich kleiner als bei den Großunternehmen. Da seit Beginn der 1990er Jahre die Weltwirtschaft und damit der Export deutlich schneller gewachsen ist als die japanische Binnenwirtschaft (siehe Abb. 4.2), entwickelte sich daraus ein zusätzlicher Wettbewerbsnachteil für die Klein- und

Abb. 4.2   Japan: Export in Relation zur Binnenwirtschaft. (Quelle: IWF. Binnenwirtschaft definiert als Staatsnachfrage, Konsum und Investitionen)

Mittelunternehmen gegenüber den Großunternehmen, die traditionell stark in den Weltmärkten vertreten sind.

In anderen Ländern sind die Sprachen, die Rechtssysteme und die Geschäftsgepflogenheiten anders. Damit sind die Fixkosten, die aufgewendet werden müssen, um Zugang zu ausländischen Märkten zu erhalten, aufgrund hoher Informationskosten hoch. Nach Melitz (2003) können deshalb nur ausreichend produktive Unternehmen im Ausland tätig sein und exportieren. Die Produktivität der japanischen Klein- und Mittelunternehmen ist im Vergleich zu den Großunternehmen gering (siehe Abb. 4.1 sowie Inui et al. 2014). Nach Erhebungen der Small and Medium Enterprise Agency des Ministeriums für Wirtschaft, Handel und Industrie (METI 2019) ist es für die japanischen Klein- und Mittelunternehmen schwer, gute ausländische Geschäftspartner für das Exportgeschäft zu gewinnen.

Da Klein- und Mittelunternehmen weniger Auslandsaktivitäten als Großunternehmen haben, haben diese auch weniger Möglichkeiten, Informationen über Geschäftspotenziale zu sammeln. Das Japan Small Business Research Institute (2008) sieht beim Management der Klein- und Mittelunternehmen begrenzte Fähigkeiten, um Marktpotenziale im Ausland zu erforschen. Inui et al. (2014) leiten daraus eine Rolle für die Geschäftsbanken ab, um Informationen über ausländische Marktpotenziale für die klein- und mittelständischen Unternehmenskunden zu sammeln. Trotz der Hindernisse ist der Anteil der im Ausland tätigen Klein- und Mittelunternehmen seit 1990 deutlich gewachsen.

Die Geschäftserwartungen der Klein- und Mittelunternehmen blieben nach dem Platzen der Blasenökonomie in der Tendenz trüb. Der Tankan-Index der Bank von Japan, der die Geschäftserwartungen der Unternehmen misst, zeigt seit 1990 für Klein- und Mittelunternehmen immer schlechtere Werte als für Großunternehmen (Abb. 4.3). Die Geschäftserwartungen der Kleinunternehmen waren von 1992 bis 2014 immer im negativen Bereich und wurden erst mit den Abenomics ab dem Jahr 2014 leicht positiv. Für die Mittelunternehmen war die Entwicklung ähnlich, wobei das Geschäftsklima kurz vor Ausbruch der globalen Finanzkrise leicht positiv war und sich nach der globalen Finanzkrise schneller erholte. Seit 2018 deutet der Geschäftsklimaindex für alle Unternehmen wieder nach unten. Mit der Corona-Krise wurden sie wieder negativ.

Seit den 1990er Jahren stagnierten die Erlöse aus der operativen Geschäftstätigkeit. Der Anstieg der Erlöse, der bis Ende der 1980er Jahre zu beobachten war, verlangsamte sich zu Beginn der 1990er Jahre und kam mit der japanischen Finanzkrise weitgehend zum Stillstand. Es gab zeitweise Phasen, in denen sich die Erlöse erholten wie zwischen 2003 und 2007 bis zum Ausbruch der globalen Finanzkrise (Abb. 4.4). Die leichte Zunahme der Erlöse bei den

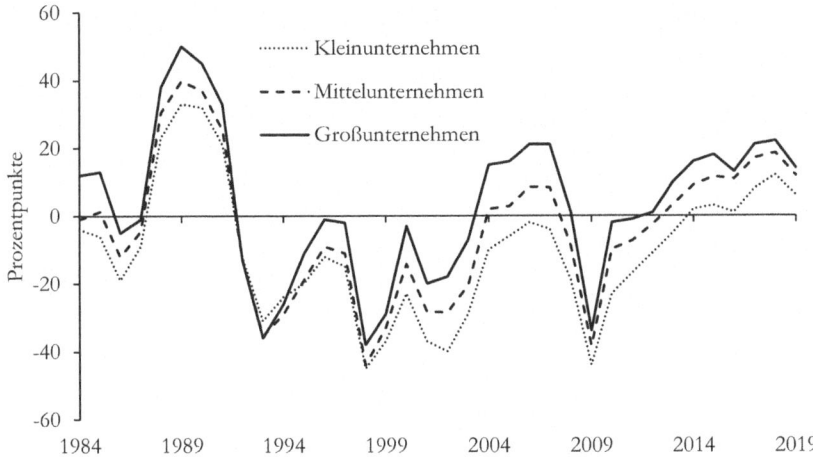

Abb. 4.3 Entwicklung der Geschäftserwartungen nach Unternehmensgröße. (Quelle: Bank von Japan, Tankan-Befragung. Unternehmen werden befragt, ob sie das Geschäftsklima „positiv", „neutral" oder „negativ" einschätzen. Der Geschäftsklimaindex zeigt in Prozentpunkten die Differenz zwischen Unternehmen an, die das Geschäftsklima als positiv einschätzen und denen, die es als negativ ansehen. Kleinunternehmen sind in dieser Umfrage Unternehmen mit einer Bilanzsumme von 20 bis 100 Mio. Yen, Mittelunternehmen sind Unternehmen mit einer Bilanzsumme von 100 Mio. bis eine Milliarde Yen, Großunternehmen sind Unternehmen mit einer Bilanzsumme von über einer Milliarde Yen)

Mittelunternehmen ist auf die Zunahme der Anzahl der Unternehmen zurückzuführen, der eine Abnahme der Anzahl und der Erlöse bei Kleinunternehmen gegenübersteht (Abb. 4.4). Da in diesem Zeitraum auch das Preisniveau weitgehend stagnierte (Abb. 2.4), entwickelten sich die realen Erlöse ähnlich wie die nominalen Erlöse.

Auch die Lohnzahlungen der Unternehmen stagnierten ab der japanischen Finanzkrise im Jahr 1998. Das reale Lohnniveau ist in Japan seit 1998 im Trend gefallen, während die Beschäftigung – vor allem Teilzeitbeschäftigungen und zeitliche begrenzte Beschäftigungen – deutlich zugenommen hat (Latsos und Israel 2019). Abb. 4.5 zeigt, dass die Lohnzahlungen der Kleinunternehmen – bei einigen Schwankungen – seit 1998 in der Tendenz abgenommen haben. Gleiches galt für die Großunternehmen bis zum Jahr 2016. Bei den Mittelunternehmen ist seit der Jahrtausendwende eine leichte Zunahme der Lohnaufwendungen zu verzeichnen, was allerdings auf die zunehmende Anzahl der Mittelunternehmen zurückgeführt werden kann. Die Lohnaufwendungen pro Unternehmen sanken auch bei den Mittelunternehmen seit 1998.

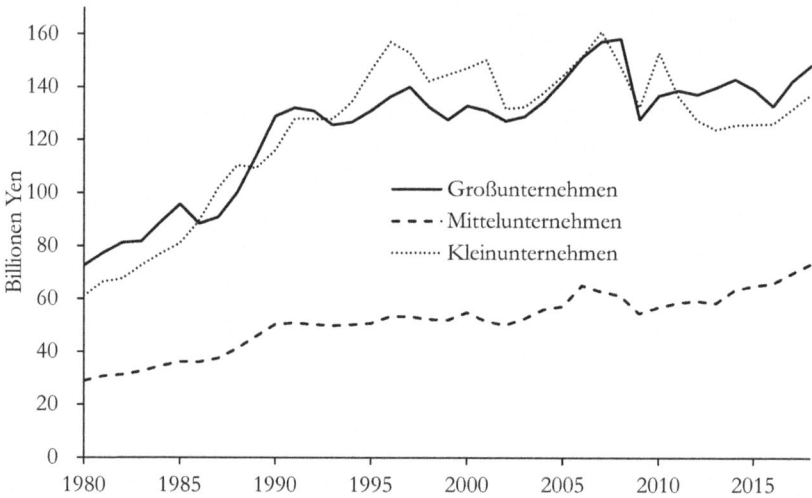

Abb. 4.4 Umsatzerlöse nach Unternehmensgröße. (Quelle: Japan, Finanzministerium)

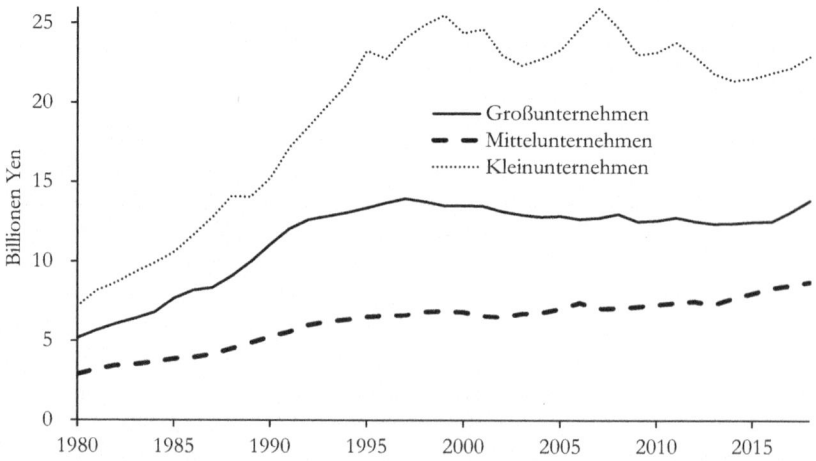

Abb. 4.5 Lohnaufwendungen nach Unternehmensgröße. (Quelle: Japan, Finanz-ministerium. Lohnaufwendungen umfassen Löhne und Gehälter, die dem Steuerabzug und vergleichbaren Ausgaben unterliegen, sowie Sozialversicherungsbeiträge und Einzahlungen in Rentensysteme)

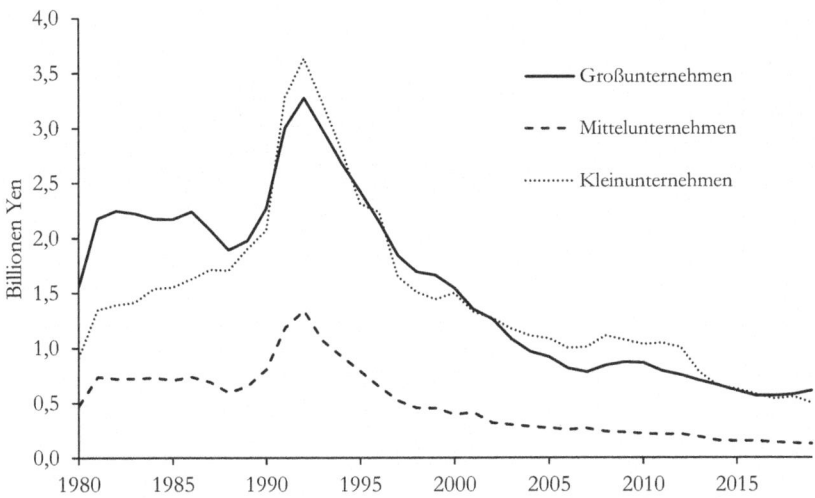

Abb. 4.6 Zinsaufwendungen nach Unternehmensgröße. (Quelle: Japan, Finanzministerium)

Die Entwicklung der Gewinne war sowohl von der Unternehmensgröße als von der Zinsentwicklung abhängig. Während die Erlöse stagnierten und die Lohnkosten in der Tendenz leicht abnahmen, sanken dank des anhaltenden Niedrigzinsumfeldes die Zinsaufwendungen aller Unternehmen. Vom Höhepunkt der Zinsaufwendung im Jahr 1991 fielen die Zinsaufwendungen der Großunternehmen von 3,3 Billionen Yen auf 0,6 Billionen Yen im Jahr 2018 um 81 %. Die Zinsaufwendungen der Mittelunternehmen fielen von 1,4 Billionen Yen (1991) auf 0,1 Billionen Yen im Jahr 2018 um 93 % und der Kleinunternehmen von 3,6 Billionen Yen auf 0,5 Billionen Yen im Jahr 2018 um 86 % (Abb. 4.6).

Großunternehmen, die deutlich exportorientierter sind als Klein- und Mittelunternehmen, konnten seit der japanischen Finanzmarktkrise im Jahr 1998 einen preisbereinigten Anstieg der realen Gewinne vor Zinsen und Steuern (EBIT) in Höhe von 137 % bzw. vor Steuern (EBT) in Höhe von 154 % erzielen (oberer Graph von Abb. 4.7). Es fällt auf, dass insbesondere seit der japanischen Finanzmarktkrise die verringerten Zinskosten zu einer Verbesserung des Gewinns vor Steuer beigetragen haben. Dieser Effekt ist für die Großunternehmen besonders stark und hat sich mit den expansiveren Geldpolitiken in Japan und anderen Industrieländern seit Ausbruch der globalen Finanzkrise (2007/2008) nochmals verstärkt.

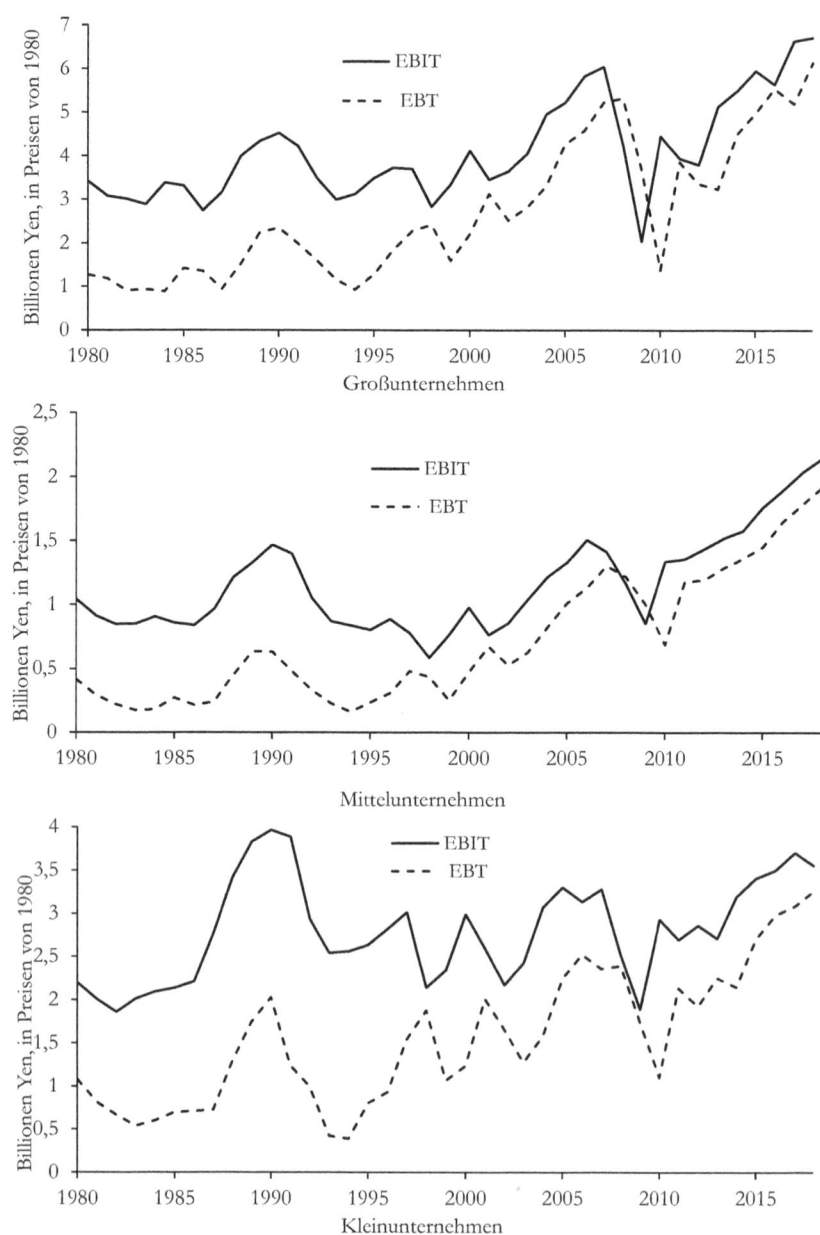

Abb. 4.7 Gewinne japanischer Unternehmen nach Unternehmensgröße. (Quelle: Finanzministerium Japan. Preisbereinigt mit Konsumentenpreisindex. EBIT = Gewinn vor Zinsen und Steuern, EBT = Gewinn vor Steuern)

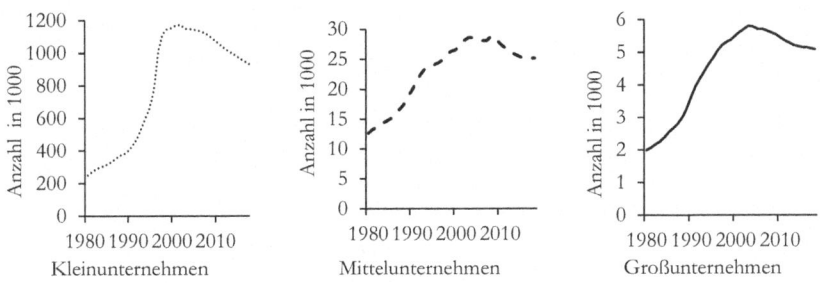

Abb. 4.8 Anzahl der Unternehmen. (Quelle: Japan, Finanzministerium)

Bei Mittelunternehmen, die oft Zulieferer von Großunternehmen sind, stiegen die Gewinne vor Zinszahlungen und Steuern seit der japanischen Finanzkrise preisbereinigt um 265 % bzw. der Gewinn vor Steuern preisbereinigt um 338 % an (mittlerer Graph von Abb. 4.7). Verringerte Zinsausgaben trugen ab der japanischen Finanzmarktkrise und nochmals seit Ausbruch der globalen Finanzkrise zu einer verbesserten Gewinnposition vor Steuern bei. Bei den Kleinunternehmen ist der reale Anstieg der Gewinne am geringsten. Der Anstieg ist preisbereinigt nur 66 % für die Gewinne vor Zinszahlungen und Steuern sowie für die Gewinne vor Steuern nur 74 % (unterer Graph von Abb. 4.7). Auch für die Kleinunternehmen trugen verringerte Zinszahlungen zu einer verbesserten Gewinnposition vor Steuern bei, wobei der Effekt bei Groß- und Mittelunternehmen größer ist.

Die Kleinunternehmen, die bei weitem die größte Anzahl an Unternehmen ausmachen, hatten damit seit Platzen der Blasenökonomie als gesamte Gruppe die schwächste Entwicklung der Gewinne. Diese verbesserten sich bis zum Einsetzen der Abenomics preisbereinigt weitgehend vor allem aufgrund der sinkenden Zinskosten. Die Anzahl der Kleinunternehmen ist seit der Spitze im Jahr 2002 mit 20,5 % am stärksten zurückgegangen. Die Anzahl der Mittel- und Großunternehmen ist hingegen seit 2004 um jeweils 12 % gefallen (Abb. 4.8).[3] Der Rückgang kann sowohl eine erhöhte Anzahl von Bankrotten wiederspiegeln, als auch eine Beschleunigung der Fusionen und Übernahmen.

---

[3]Der Vergleich beruht auf der *Financial Statements Statistics des Policy Research Insitutes des japanischen Finanzministeriums.*

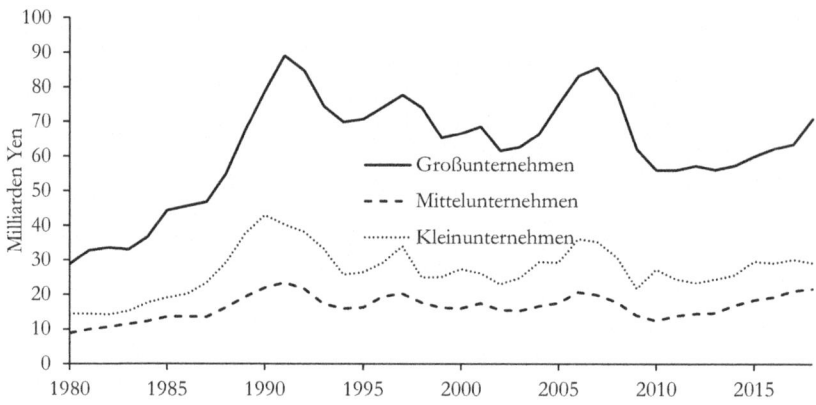

Abb. 4.9 Investitionen nach Unternehmensgröße. (Quelle: Japan, Finanzministerium)

Mit den pessimistischen Geschäftsaussichten und den stagnierenden Erlösen aus der operativen Geschäftstätigkeit stagnierten bei allen Unternehmensgrößen die Investitionen. Das Niveau von 1989, der Spitze der Blasenökonomie, wurde von keiner Unternehmensgröße mehr erreicht. Bis zum Jahr 2002 fielen die Investitionen im Trend (Abb. 4.9). Seit 2002 brachte die wirtschaftliche Erholung, die wesentlich durch Boom-Phasen auf den internationalen Finanzmärkten getrieben war, einen Anstieg, insbesondere bei den exportorientierten Großunternehmen. Mit Ausbruch der globalen Finanzkrise gingen die Investitionen wieder stark zurück und erholten sich erst wieder mit den Abenomics (Abb. 4.9). Bei den Klein- und Mittelunternehmen haben die Abenomics keine wesentliche Wende gebracht.

4.3 Bilanzstrukturen von Klein- und Mittelunternehmen sowie regionale Veränderungen

Die in der Tendenz stagnierenden Realinvestitionen brachten eine Veränderung in den Bilanzstrukturen mit sich (siehe Abb. 4.10). Bei allen drei Unternehmensgrößen stagnierten die Sachanlagen und Immobilien. Die Großunternehmen haben die Gewinne vor allem in Finanzanlagen angelegt, die auch Unternehmensbeteiligungen umfassen. Die Finanzanlagen stiegen in der aggregierten Bilanz der Großunternehmen von 58 Billionen Yen im Jahr 1998

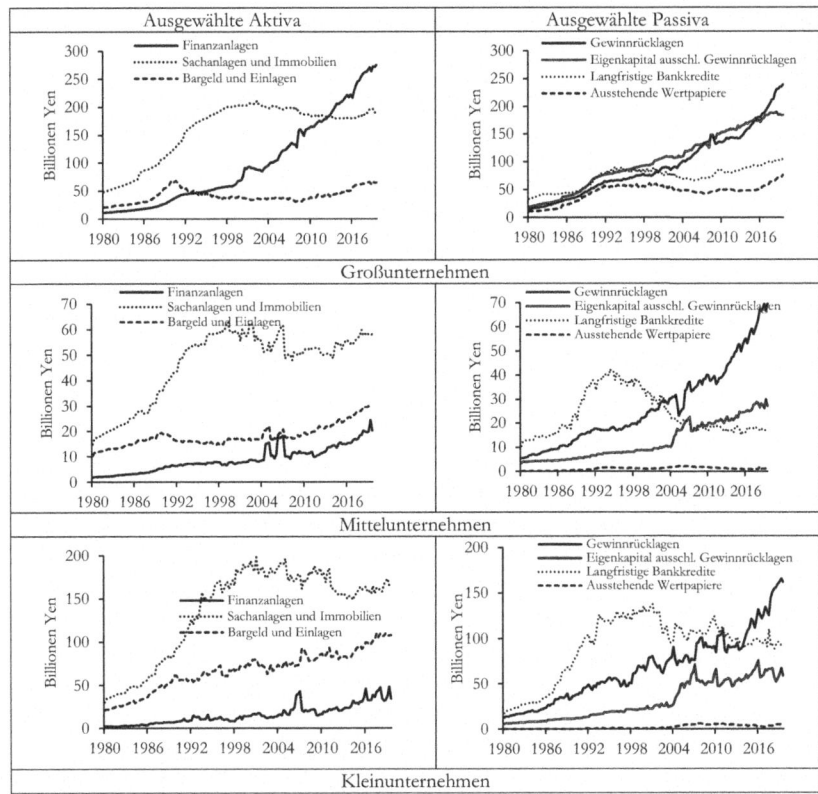

Abb. 4.10 Ausgewählte Bilanzpositionen japanischer Unternehmen. (Quelle: Japan, Finanzministerium)

auf 275 Billionen Yen im Jahr 2019. Bei den Mittelunternehmen von 68 (1998) auf 200 Billionen Yen (2019) und bei den Kleinunternehmen von 8 (1998) auf 33 (2019) Billionen Yen.

Bei den Klein- und Mittelunternehmen war im Vergleich zu den Großunternehmen ein höherer Anstieg des Bargeldbestandes und der Einlagen bei Banken zu verzeichnen. Der Bargeldbestand und die Einlagen bei den Banken stiegen bei den Kleinunternehmen von 66 Billionen Yen im Jahr 1998 auf 107 Billionen Yen im Jahr 2019. Bei den Mittelunternehmen war ein Anstieg von Bargeld und Bankeinlagen von 15 Billionen Yen auf 29 Billionen Yen zu beobachten. Bei den Großunternehmen war der Zuwachs vergleichsweise gering.

Tab. 4.1 Anzahl der Unternehmen nach Größe und Region

Anzahl der Unternehmen	Klein- und Mittelunternehmen		Großunternehmen	
	Tokio	Peripherie	Tokio	Peripherie
2009	1.271.136	2.930.128	6.087	5.839
Anteil	30,26 %	69,74 %	51,04 %	48,96 %
2016	1.087.374	2.490.802	5.966	5.191
Anteil	30,39 %	69,61 %	53,47 %	46,53 %
Absolute Veränderung	−183.762	−439.326	−121	−648
Relative Veränderung	−14,4 %	−15,0 %	−2,0 %	−11,1 %

Quelle: Ministerium für Wirtschaft, Handel und Industrie (METI)

Auf der Passivseite der aggregierten Bilanzen des Unternehmenssektors ist bei den Mittelunternehmen seit 1998 ein deutlicher Rückgang der Kredite zu verzeichnen, während das Eigenkapital und die Gewinnrücklagen sehr stark angestiegen sind. Ein ähnlicher Trend ist bei den Kleinunternehmen zu beobachten, die ebenfalls ihre Kreditbestände reduzierten. Sowohl für die Mittel- als auch für die Kleinunternehmen spielen Wertpapiere keine wesentliche Rolle als Finanzierungsquelle. Hingegen haben mit den Abenomics die Wertpapiere als Finanzierungsquelle von Großunternehmen deutlich zugenommen. Sie stiegen von 50 Billionen Yen im Jahr 2016 auf 75 Billionen Yen 2019 an. Auch bei den Großunternehmen ist ein deutlicher Anstieg der Gewinnrücklagen und des restlichen Eigenkapitals zu verzeichnen, während das Kreditvolumen im Gegensatz zu den Klein- und Mittelunternehmen leicht zugenommen hat.

Mit dem deutlichen Rückgang der Anzahl der Kleinunternehmen hat ein Konzentrationsprozess zugunsten von Mittel- und insbesondere Großunternehmen eingesetzt. Nach Zahlen des Ministeriums für Wirtschaft, Handel und Industrie, die für den Zeitraum von 2009 und 2016 vorliegen, ist die Anzahl der Unternehmen bei Klein- und Mittelunternehmen deutlich stärker zurückgegangen als bei Großunternehmen (Tab. 4.1). Die Zahlen zeigen deutliche regionale Konzentrationseffekte zugunsten des Großraums Tokio (Hauptstadt Tokio plus die Nachbarpräfekturen Chiba, Saitama, Kanagawa, Gunma, Tojigi und Ibaraki). Zwischen 2009 und 2016 hat die Anzahl der Unternehmen sowohl in der Gruppe der Großunternehmen als auch bei den Klein- und Mittelunternehmen stärker in der Peripherie als im Großraum Tokio abgenommen.

Tab. 4.2 Anzahl der Beschäftigten nach Größe und Region

Anzahl der Beschäftigten	Klein- und Mittelunternehmen		Großunternehmen	
	Tokio	Peripherie	Tokio	Peripherie
2009	10.862.168	22.282.361	9.283.613	5.605.234
Anteil	32,77 %	67,23 %	62,35 %	37,65 %
2016	11.023.564	21.177.468	9.320.381	5.268.582
Anteil	34,23 %	65,77 %	63,89 %	36,11 %
Absolute Veränderung	161.396	−1.104.893	36.768	−336.652
Relative Veränderung	+1,5 %	−5,0 %	+4,0 %	−6,0 %

Quelle: Ministerium für Wirtschaft, Handel und Industrie (METI)

Bei der Anzahl der Beschäftigten sind die Konzentrationseffekte im Zeitraum von 2009 bis 2016 sehr deutlich (Tab. 4.2). Im Großraum Tokio hat die Anzahl der Beschäftigten sowohl bei Klein- und Mittelunternehmen (um 1,5 %) als auch bei Großunternehmen (um 4,0 %) zugenommen. Im Rest des Landes hat bei den Klein- und Mittelunternehmen die Anzahl der Beschäftigten hingegen um 5,0 % und bei den Großunternehmen um 6,0 % abgenommen. Die Beschäftigung hat sich damit zugunsten der Großunternehmen im Großraum Tokio verschoben.

4.4 Zombifizierung

Die Zombifizierung von Unternehmen wurde in der Literatur erstmals für Japan diskutiert (siehe auch Abschn. 2.5). Zunächst wurde der Begriff in den späten 1990er Jahren und frühen 2000er Jahren in der Presse verwendet (Henry 1997; Wehrfritz und Takayama 2002). Die Zombifizierung der japanischen Unternehmen wird bei anhaltend günstigen Refinanzierungsbedingungen mit einer sinkenden Profitabilität in Verbindung gebracht (Herok und Schnabl 2018).

Zombieunternehmen sind Unternehmen, die Kredite nicht mehr tilgen, Zinszahlungen nicht mehr bedienen und/oder ohne direkte oder indirekte staatliche Subventionen Verluste machen würden (Caballero et al. 2008). Die Geschäftsbanken preisen bei der Kreditvergabe das Ausfallrisiko nicht mehr oder nur noch zum Teil ein. Die Motivation für die „nachsichtige Kreditvergabe" ist politisch

(Sekine et al. 2003). Im rezessionsgeplagten Japan befürchteten die Abgeordneten im Parlament bei Bankrotten von Unternehmen den Missmut der Wähler in ihren Wahlkreisen.

Die japanische Politik soll Druck auf die Banken ausgeübt haben, notleidende Kredite nicht offen zu legen bzw. zu verlängern, zunächst insbesondere in den 1990er Jahren. Zwar wurden seit der japanischen Finanzmarktkrise die Banken angehalten, ihre notleidenden Kredite offen zu legen. Doch in Krisen wurde dieses Prinzip immer wieder aufgeweicht. Im Jahr 2012 zwang in Reaktion auf die globale Finanzkrise das „Gesetz zur Erleichterung der Finanzierung von Klein- und Mittelunternehmen" Banken die Kreditvergabe an Klein- und Mittelunternehmen fortzuführen, auch wenn diese ausfallgefährdet waren. Neben den Kreditgarantien stellte die staatliche Japan Finance Corporation (日本政策金融公庫) sicher, dass Unternehmen in Finanzkrisen nicht in Konkurs gingen.

Caballero, Hoshi und Kashyab (2008), welche Zombifizierung an einem zu zahlenden Zinssatz unterhalb eines hypothetischen Zinses, der das Risiko der Firmen widerspiegelt, festmachten, stellten eine starke Präsenz von Zombieunternehmen bei Aktienunternehmen fest. Die Autoren leiteten daraus eine Schwächung des gesamtwirtschaftlichen Wachstums ab, da der marktwirtschaftliche Reinigungsprozess außer Kraft gesetzt worden sei. Fukuda und Nakamura (2013) sowie Imai (2016) verwendeten andere Maßgrößen für Zombifizierung, finden jedoch auch Evidenz bei Großunternehmen.

Goto und Wilbur (2019) schätzen, dass ca. 12 % aller japanischen Klein- und Mittelunternehmen Zombieunternehmen sind. Sie sehen geringe Produktivitätsgewinne sowie eine ineffiziente Allokation von Kapital und Arbeitskraft als Folgen „weicher Budgetrestriktionen". Nicht-rentable Klein- und Mittelunternehmen und deren Gläubiger hätten wenig Anreiz, umzustrukturieren, da die Refinanzierung einfach ist und verschiedene Kreditstützungsprogramme aufgesetzt wurden. Neustrukturierungen und Marktaustritte würden so unattraktiv gemacht. Andernfalls würden Unternehmensbankrotte die Banken stark beeinträchtigen, insbesondere die kleineren Regional- und Shinkin-Banken, die einerseits mit mehr (potenziell) notleidenden Krediten konfrontiert wären und denen andererseits meist das Know-how für Unternehmensrestrukturierungen fehle (Watanabe 2012). Choe (2007) argumentiert, dass das Schicksal der kleinen und mittleren Banken eng an die Klein- und Mittelunternehmen gebunden sei.

Yamori (2019) argumentiert, dass der *Financial Facilitation Act für Klein- und Mittelunternehmen* (中小企業金融円滑化対策) aus dem Jahr 2009 es unprofitablen Klein- und Mittelunternehmen erlaubt habe, weiter unprofitabel zu wirtschaften. Das Gesetz habe für die Banken eine Verpflichtung geschaffen, die Rückzahlungsverpflichtungen so weit wie möglich zu lockern, wenn

Unternehmen in Notlage einen entsprechenden Antrag stellen. Fast alle Anträge von Klein- und Mittelunternehmen in Schieflage auf Unterstützung seien angenommen worden. Auch nach dem Auslaufen des Gesetzes im März 2013 sei die Praxis fortgeführt worden. Yamori (2019) kritisiert, dass Anreize zur Restrukturierung reduziert worden seien, was bei Unternehmen ein Moralisches Risiko erzeugt habe. Nach Harada et al. (2015) habe es der *Financial Facilitation Act* vielen Zombie-Unternehmen erlaubt notleidende Kredite nicht zu berichten und damit wirtschaftlich zu überleben.

Nach Imai (2019) sei der *Financial Facilitation Act* ein Beispiel dafür, dass die japanische Regierung die nach der globalen Finanzkrise verschärfte Finanzmarktregulierung aufgeweicht habe. Da sich damit die Politik der nachsichtigen Kreditvergabe der 1990er Jahre auch nach der Jahrtausendwende fortgesetzt habe, konnte die Zombifizierung der Klein- und Mittelunternehmen weiter um sich greifen.

4.5 Herausforderungen für die Klein- und Mittelunternehmen für die Zukunft

Mit der Alterung der japanischen Gesellschaft werden die Eigentümer der Klein- und Mittelunternehmen immer älter. Zwischen 1996 und 2019 ist das Durchschnittsalter von Besitzern von Klein- und Mittelunternehmen von 47 auf 69 Jahre gestiegen (Small and Medium-sized Enterprise Agency 2019). Die Nachfolge ist unsicher, weil die Anzahl der Kinder stark abgenommen hat und in der Peripherie die junge Menschen oft in den Großraum Tokio abgewandert sind. 60 % der Besitzer von Unternehmen, welche vor dem Ruhestand stehen, hätten keinen Nachfolger. Der Staat unterstützt die Fortführung von Klein- und Mittelunternehmen, indem die Übergabe nicht besteuert wird und die Small and Medium-sized Enterprise Agency bei der Suche nach Nachfolgern unterstützt.

Durch die sinkenden Geburtenzahlen und die Abwanderung in den Großraum Tokio trüben sich insbesondere die Geschäftserwartungen in der Peripherie ein. Die Arbeitsproduktivität von Klein- und Mittelunternehmen ist stark mit der Bevölkerungsdichte korreliert. Wandern viele Menschen ab, geht die Anzahl der Kunden unweigerlich zurück. Das gilt insbesondere für den lokal ausgerichteten Dienstleistungssektor. Die Digitalisierung sei ein wesentlicher Faktor, um Kunden an sich zu binden. Aus der Digitalisierung würden sich auch neue Geschäftsmodelle ergeben.

Die Globalisierung stellt die Klein- und Mittelunternehmen vor zwei wesentliche Herausforderungen. Einerseits hat in der anhaltenden Krise der Import von günstigen Produkten deutlich zugenommen. Die Wettbewerber sind damit nicht auf Japan beschränkt, sondern global. Dies habe dazu gezwungen die globalen Märkte zu erschließen, wo die Klein- und Mittelunternehmen oft einen Wettbewerbsnachteil gegenüber den Großunternehmen haben. Der Anteil der Klein- und Mittelunternehmen, die direkt exportieren, ist von 16,4 % im Jahr 1997 auf 21,4 % im Jahr 2016 angestiegen. Der Anteil von Klein- und Mittelunternehmen, die Niederlassungen im Ausland besitzen ist im gleichen Zeitraum von 6,0 % auf 14,3 % angestiegen. Mit der starken Abwertung des Yen seit Einsetzen der Abenomics ist zudem die Anzahl der ausländischen Touristen in Japan stark angestiegen, woraus sich neue Geschäftsmöglichkeiten für Klein- und Mittelunternehmen ergeben haben.

Literatur

Caballero, R., Hoshi, T., & Kashyap, A. (2008). Zombie lending and depressed restructuring in Japan. *American Economic Review, 98*(5), 1943–1977.

Choe, C. (2007). The political economy of SME financing and Japan's regional bank problems. *Pacific-Basin Economic Journal, 15*(4), 353–367.

Nakamura, J., & Fukuda, S. (2013). What happend to zombie firms in Japan? Reexamination for the lost decades. *Global Journal of Economics, 2*(2), 1–18.

Goto, Y., & Wilbur, S. (2019). Unfinished business: Zombie firms among SME in Japan's lost decades. *Japan and The World Economy, 49,* 105–112.

Harada, K., Hoshi, T., Imai, M., Koibuchi, S., & Yasuda, A. (2015). Japan financial regulatory responses to the global financial crisis. *Journal of Financial Economic Policy, 7,* 51–67.

Henry, D. (25. November 1997). Japan forced to clear out deadwood. *USA Today*.

Herok, D., & Schnabl, G. (2018). Europäische Geldpolitik, Zombifizierung und Wachstum in Europa. *Wirtschaftspolitische Blätter, 18,* 463–478.

Imai, K. (2016). A panel study of zombie SMEs in Japan: Identification, borrowing and investment behavior. *Journal of the Japanese and International Economies, 39,* 91–107.

Imai, M. (2019). Regulatory responses to banking crisis: Lessons from Japan. *Global Finance Journal, 39,* 10–16.

Inui T., Ito, K., & Miyakawa, D. (2014). Lender banks' provision of overseas market information: Evidence from Japanese small and medium-sized enterprises' export dynamics. *RIETI Discussion Paper* 14-E-064.

Japan Small Business Research Institute. (2008). *White paper on small and medium enterprises in Japan. Improvement of Productivity and the Challenge of Community Revitalization.* Tokyo: The Small and Medium Enterprise Agency.

Israel, K.-F., & Latsos, S. (2019). The impact of (Un)conventional expansionary monetary policy on income inequality – lessons from Japan. *University of Leipzig, Faculty of Economics and Management Science Working Pap*er 163.

Melitz, M. (2003). The impact of trade on intra-industry reallocations and aggregate industry productivity. *Econometrica, 71*(6), 1695–1725.

Ministry for Economy, & Trade and Industry METI. (2019). White Paper on Small and Medium Enterprises in Japan, Tokyo.

OECD. (2019). *OECD SME and entrepreneurship outlook 2019*. Paris: OECD Publishing.

Sekine, T., Kobayashi, K., & Saita, Y. (2003). Forbearance lending: The case of Japanese firms. *Bank of Japan Institute for Monetary and Economic Studies, 21*(2), 69–92.

Watanabe, W. (2012). *The bank balance sheet effect on loan pricing and the bank size Evidence from main bank-SME relationships in Japan*. Keio University.

Wehrfritz, G., & Takayama, H. (Januar 2002). King of the zombies. *Newsweek 21*, 40.

Yamori, N. (2019). The effects of the financing facilitation act after the global financial crisis: Has the easing of repayment conditions revived underperforming firms? *Journal of Risk and Financial Management, 12*(2), 1–17.

Entwicklung der Ertrags- und Kostenstrukturen der Regionalbanken im Vergleich

Die von der Bank von Japan herbeigeführten Zinsentwicklungen hatten einschneidende Wirkungen auf das Bankensystem, insbesondere auf die kleineren Regionalbanken und Shinkin-Banken. Auf der Ertragsseite wirkten vor allem die Stagnation des Kreditvolumens sowie die schrumpfenden Zinsmargen negativ auf die Gewinne. Zudem hatten die Banken in Folge der japanischen Finanzmarktkrise hohe Abschreibungen bzw. Wertberichtigungen auf notleidende Kredite zu verkraften. Der Ankauf von Staatspapieren der sich immer höher verschuldenden Zentralregierung, Regionalregierungen und regionalen öffentlichen Unternehmen bot zunächst eine Alternative für die rückgängigen Erträge aus dem traditionellen Kreditgeschäft.

Zudem traten als alternative Einnahmequellen insbesondere Gebühren auf Bankdienstleistungen in den Vordergrund, die bereits in der 1990er Jahren angehoben wurden. Allerdings blieb der Spielraum für höhere Gebühren begrenzt, weil aus dem Nichtbankenbereich neue Anbieter für Zahlungsdienste eine wachsende Konkurrenz aufbauten (z. B. die Seven Bank). Da die Zinsen auf Bankeinlagen gegen null konvergierten, gewannen alternative Anlageformen wie Fonds an Bedeutung, die von den Banken gegen Gebühren verkauft werden. Die Regionalbanken nutzen dazu den direkten Kontakt zu ihren Kunden, der sich als Vorteil gegenüber den weniger in der Fläche vertretenen Wertpapierfirmen herausstellte.

Die insgesamt sinkenden Gewinnerzielungsmöglichkeiten zwangen alle Banken und insbesondere die Regionalbanken und Shinkin-Banken zu Kosteneinsparungen, die sich in Abhängigkeit von der konjunkturellen Lage auf den Personalaufwand konzentrierten. Darüber hinaus kam es zu einer wachsenden Anzahl von Bankrotten, Fusionen und Übernahmen, die sowohl die Anzahl der Banken als auch die Anzahl der Filialen und damit die anderen Verwaltungsaufwendungen deutlich reduzierten. Dies trug dazu bei, dass trotz schwacher

Tab. 5.1 Veränderung der wichtigsten Ertrags- und Kostenpositionen (1999–2018)

	CB (%)	RB I (%)	RB II (%)	SKB (%)
Zinsüberschuss	−32,8	−17,8	−36,9	−27,2
Provisionsüberschuss	+132,0	+40,9	+32,9	−36,9
Personalaufwand	−8,8	−13,3	−30,0	−20,9
Andere Verwaltungsaufwendungen	+10,2	−4,8	−21,7	−17,1

Quelle: Japanese Bankers Association, Shinkin Central Bank. CB = City-Banken, RB I = Regionalbanken ersten Ranges, RB II = Regionalbanken zweiten Ranges, SKB = Shinkin-Banken

wirtschaftlicher Lage im Inland die durchschnittliche Eigenkapitalrendite wieder den Bankensektoren anderer Länder angenähert werden konnte. Tab. 5.1 gibt eine Übersicht über die Entwicklung der wichtigsten Ertrags- und Kostenpositionen zwischen 1999 und 2018.

5.1 Profitabilität des japanischen Bankensektors

Die japanischen Banken waren bereits mit dem Platzen der japanischen Blasen-ökonomie aufgrund eines daraus folgenden hohen Bestandes notleidender Kredite und fallender Vermögenspreise in schwieriges wirtschaftliches Fahrwasser geraten. Das lukrative Geschäft mit der Kreditvergabe nach Südostasien, das von der geldpolitischen Krisentherapie unterstützt wurde, erlaubte es zunächst, das Problem zu vertagen. Die Probleme verstärkten sich mit der Asienkrise, die in die japanische Finanzmarktkrise überging, weil sie alte und neue Risiken für japanische Banken und Unternehmen offenlegte und ein lukratives Geschäfts-modell wegbrach.[1]

Hoher Abschreibungsbedarf bei notleidenden Krediten brachte den japanischen Banken Ende der 1990er Jahre negative Eigenkapitalrenditen, die erst ab dem Jahr 2004 wieder positiv wurden. Ab dem Jahr 2006 hatten die japanischen Banken im Durchschnitt wieder ähnliche Eigenkapitalrenditen wie europäische oder, US-amerikanische (siehe Abb. 5.1). Da in den Jahren 2003 bis 2007 in Japan im Gegensatz zu den USA und Teilen Europas keine

---

[1]Die japanischen Banken hatten u. a. Direktinvestitionen japanischer Unternehmen in Süd-ostasien finanziert. Zu wandernden Blasen siehe Schnabl und Hoffmann (2008).

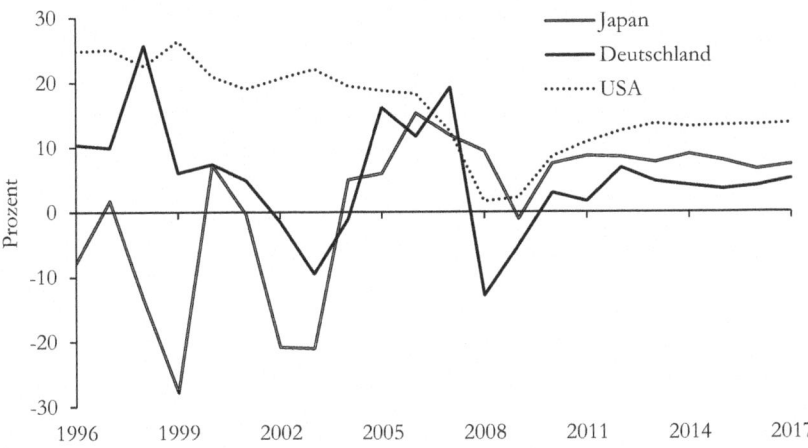

Abb. 5.1 Eigenkapitalrenditen der Banken im internationalen Vergleich. (Quelle: Weltbank (vor Steuern))

Übertreibungen auf den Aktien- und Immobilienmärkten stattgefunden hatten, wurde der japanische Bankensektor ab 2008 von der globalen Finanzkrise nur indirekt über die US-Hypothekenmarktkrise getroffen. (Japanische Banken hatten ähnlich wie deutsche Banken risikoreiche Positionen im US-Hypothekenmarkt aufgebaut.) In jüngster Zeit ist die Ertragslage des japanischen Bankensektors im Vergleich zum US-amerikanischen Bankensektors immer noch schwach. Jedoch ist, gemessen an den ausgewiesenen Eigenkapitalrenditen, die Ertragslage des japanischen Bankensektors inzwischen besser als die des Bankensektors im Eurogebiet.

Abb. 5.2 zeigt die Rentabilität einzelner Bank-Typen im Zeitablauf auf Grundlage der Eigenkapitalrenditen. Alle Bank-Typen Japans folgten seit 1999 einem ähnlichen Zyklus, der eng mit dem internationalen Finanzzyklus (siehe Borio 2014) verbunden war. Zunächst zog die japanische Finanzmarktkrise stark negative Eigenkapitalrenditen nach sich. Dann hinterließen sowohl das Platzen der Dotcom-Blase (2000) als auch der Ausbruch der US-Hypothekenmarktkrise (2007/2008) deutliche Spuren in den Eigenkapitalrenditen aller Bank-Typen in Japan, was auf eine starke Bedeutung von Auslandsanlagen im Portfolio der Banken hindeutet. Nach dem Platzen der Dotcom-Blasen im Dezember 2000 und den damit einhergehenden großen Verlusten verbesserten sich die Renditen ab dem Jahr 2002 aufgrund höherer Gebühreneinnahmen, Kostensenkungen und

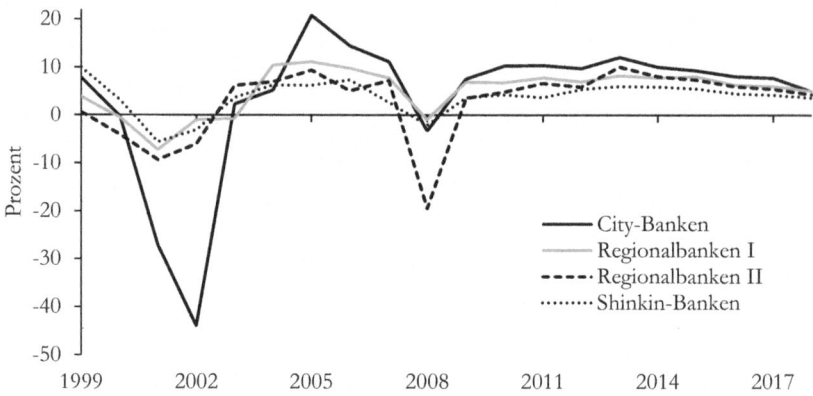

Abb. 5.2 Eigenkapitalrenditen nach Bank-Typ. (Quelle: Japanese Bankers Association (全国銀行協会), Shinkin Central Bank (全振連銀行))

Restrukturierungen. Mit der globalen Finanz- und Schuldenkrise verschlechterten sich die Renditen aller Bank-Typen wieder deutlich und sind seither ähnlich wie in Europa schwach. Mit der jüngsten Corona-Krise dürfte sich die wirtschaftliche Lage der Banken erneut eintrüben.

Die höchsten Eigenkapitalrenditen pro Jahr konnten im Zeitraum von 1999 bis 2018 im Durchschnitt die Regionalbanken ersten Ranges erwirtschaften (5,05 %). Die Eigenkapitalrenditen der Regionalbanken zweiten Ranges lagen hingegen am unteren Ende des Spektrums (2,89 %). Die großen City-Banken konnten eine durchschnittliche Eigenkapitalrendite von 3,83 % erzielen. Dies lag vor allem an sehr großen Verlusten im Verlauf der Dotcom- und US-Hypothekenmarktkrisen. Die Shinkin-Banken konnten eine durchschnittliche Eigenkapitalrendite von 3,72 % erzielen. Die Standardabweichung für die Eigen- und Gesamtkapital-renditen ist für den Betrachtungszeitraum für die City-Banken bei weitem am höchsten. Für die Shinkin-Banken, die kein Wertpapiergeschäft betreiben, ist sie am geringsten.

In den Jahren 1997/1998 wurden vor allem die großen City-Banken vom Staat rekapitalisiert (Montgomery 2007) (siehe Abschn. 5.5). 64 % der öffentlichen Mittel, die für Rekapitalisierung aufgewendet wurden, gingen an die großen City-Banken, vor allem in den Jahren 1998 bis 2000. 10 % der Mittel für Rekapitalisierung wurde an Regionalbanken ausgezahlt, nur 0,4 % an Shinkin-Banken (andere: 24 %). Während Mittel für die Rekapitalisierung der

City-Banken vor allem im Verlauf der japanischen Finanzmarktkrise ausgezahlt
wurden, profitierten die Regionalbanken in der Folge immer wieder aus Mittel-
zuweisungen der Deposit Insurance Corporation (預金保証機構).

5.2   Entwicklung der Bilanzstruktur auf der Aktivseite

Im Verlauf der schleichenden Krise veränderte sich zunächst die Bilanzstruktur
der japanischen Regionalbanken weg von der Kreditvergabe als dominierende
Bilanzposition hin zum Ankauf von Staatsanleihen. Aufgrund der schlechten
konjunkturellen Lage im Inland ging im Trend das Volumen der ausgegebenen
Kredite (alle Banken) seit 1999 zurück und erholte sich erst mit den Abenomics
wieder etwas. Allerdings waren für die unterschiedlichen Bank-Typen unterschiedliche Entwicklungen zu beobachten, weil der Druck auf das Kredit-
volumen der Banken unterschiedlich durch Sonderfaktoren kompensiert wurde.
Vor allem die City-Banken und Trust-Banken schränkten ihre Kreditvergabe ein.
Das Kreditvolumen der City-Banken ist seit 1998 um 10,8 % zurückgegangen.
Hingegen stieg bei den Regionalbanken ersten Ranges im gleichen Zeitraum das
Kreditvolumen um 64,6 % an. Die Regionalbanken zweiten Ranges (+2,6 %) und
die Shinkin-Banken (+10,9 %) konnten im gleichen Zeitraum nur einen leichten
Zuwachs des Kreditvolumens verzeichnen (Abb. 5.3).

Die unterschiedliche Entwicklung der Kreditvergabe bei den Regionalbanken
ersten Ranges kann im Wesentlichen mit zwei Sonderfaktoren erklärt werden.

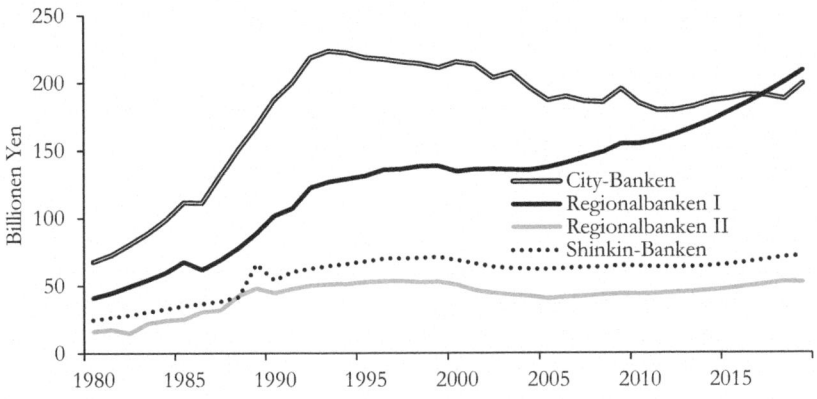

Abb. 5.3 Ausstehendes Kreditvolumen nach Bank-Typ. (Quelle: Bank of Japan)

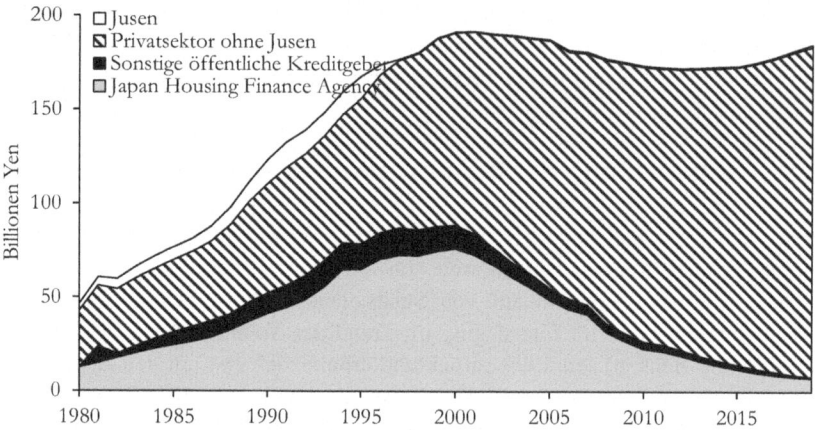

Abb. 5.4 Volumen und Struktur des japanischen Immobilienkreditmarktes. (Quelle: Japan, Ministry of Internal Affairs and Communications. Japan Housing Finance Agency = Government Housing Loan Corporation)

Zum einem wurde im Jahr 2002 die Government Housing Loan Corporation (住宅金融公庫) aufgelöst. Unter der Regierung Koizumi (2001–2006) war beschlossen worden, dass sich die Government Housing Loan Corporation bis zum Jahr 2007 vollständig aus dem Hypothekenmarkt zurückziehen sollte. Der Anteil am Hypothekenmarkt betrug bis dahin ca. 40 % (60,5 Billionen Yen im Jahr 2002, Quelle: Bank von Japan). Konsumenten mit einem Wunsch nach Baufinanzierung hatten sich bisher üblicherweise zunächst an die Government Housing Loan Corporation gewandt. Ihre Kredite wurden von privaten Banken aufgestockt, wenn die Finanzierung durch die Government Housing and Loan Corporation nicht ausreichte. Mit dem Rückzug des öffentlichen Sektors aus der Baufinanzierung eröffnete sich für die privaten Banken ein neues Geschäftsfeld.

Abb. 5.4 zeigt, wie mit dem Rückzug der Government Housing and Loan Corporation und anderer öffentlicher Kreditinstitutionen das freiwerdende Immobiliengeschäft von privaten Banken übernommen wurde. Die Regional-banken hatten im Wettbewerb um dieses Marktfeld einen Vorteil, da sie über ca. doppelt so viele Filialen verfügen wie die City-Banken und damit mehr in der Fläche vertreten sind. Abb. 5.6 zeigt im mittleren Graph, dass die Kreditvergabe der Regionalbanken ersten Ranges an Haushalte seit 2002 deutlich angestiegen ist, was das wachsende Immobiliengeschäft widerspiegelt. Dieser Trend ist bei den Regionalbanken zweiten Ranges weniger stark ausgeprägt und bei den City-Banken nicht zu erkennen.

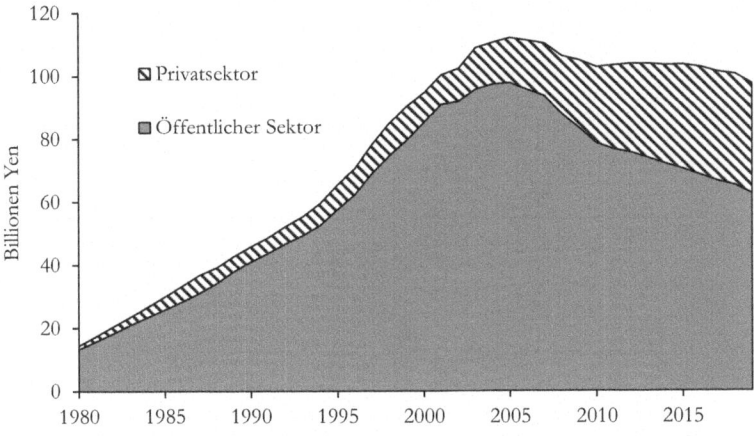

Abb. 5.5 Ausstehende Kredite an Gebietskörperschaften. (Quelle: Bank von Japan)

Zudem stieg ab dem Jahr 2007 die Kreditnachfrage von Städten und Gemeinden (地方公共団体) bei privaten Banken stark an. Die Zentralbankregierung hatte beschlossen, Städte und Gemeinden von Zinszahlungen für ausstehende Kredite von der Zentralregierung zu befreien, wenn sie bis zum Jahr 2012 den vollständigen Nennbetrag der vergebenen öffentlichen Mittel an die Zentralregierung zurückzahlen. Das Kreditvolumen der Zentralregierung an die Gebietskörperschaften lag im Jahr 2002 bei 91 Billionen Yen, das Kreditvolumen der privaten Banken an die Gebietskörperschaften bei 11 Billionen Yen (Abb. 5.5). Das hat zur Umschuldung der Städte und Gemeinden von den öffentlichen Krediten auf Kredite von privaten Banken geführt, auch da der Zins der privaten Bankkredite deutlich niedriger als der auf die alten öffentlichen Kredite war. Das Kreditvolumen der Zentralregierung an die Gebietskörperschaften ist von 95 Billionen Yen im Jahr 2006 auf 63 Billionen Yen im Jahr 2019 gefallen. Das Kreditvolumen der Banken an die Gebietskörperschaften stieg in diesem Zeitraum von 16 auf 35 Billionen Yen an. Da die Regionalbanken traditionell die Hausbanken der Städte und Gemeinden sind, haben davon überwiegend die Regionalbanken profitiert.

Die Struktur der Kreditbestände untergliedert nach Haushalten und Geschäftskunden (finanzielle und nichtfinanzielle Kapitalgesellschaften) entwickelte sich je nach Bank-Typ unterschiedlich (Abb. 5.6). Bei den City-Banken sanken die ausstehenden Kredite an Haushalte in der Tendenz stetig ab, während die

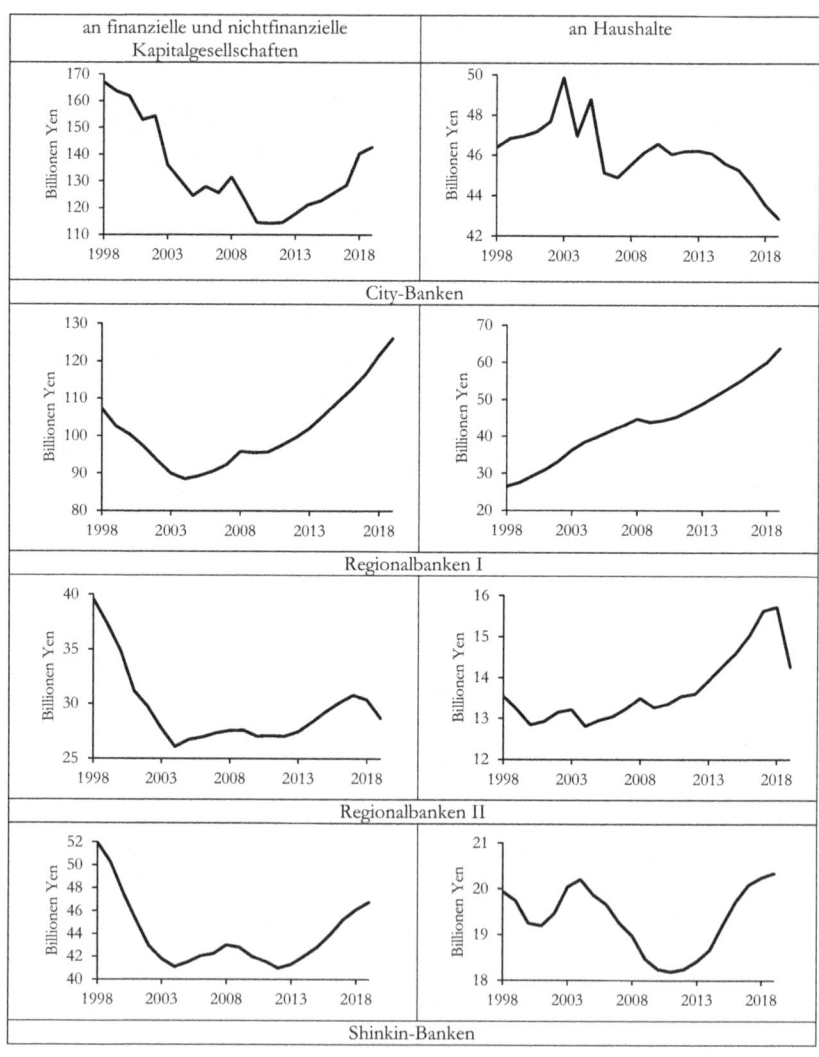

Abb. 5.6 Ausstehendes Kreditvolumen nach Kunden-Typ. (Quelle: Bank von Japan)

Kredite an Firmenkunden zunächst sanken und sich mit den Abenomics deutlich erholten. Die Regionalbanken ersten Ranges konnten sowohl das Kreditvolumen an Geschäftskunden als auch an Haushalte deutlich ausweiten. Die Regionalbanken zweiten Ranges verloren viele Kredite an Geschäftskunden und konnten erst seit den Abenomics ihre Kredite an Haushalte deutlich erhöhen. Bei den Shinkin-Banken stagnierten sowohl die Kredite an die Haushalte als auch an die Geschäftskunden in der Tendenz.

Der Rückgang des Kreditvolumens an Unternehmen und Haushalte wurde bei vielen Banken dadurch kompensiert, dass diese Staatsanleihen kauften. Das war auch möglich, weil bei rasch steigender Staatsverschuldung der Bestand der ausstehenden Staatsanleihen schnell stieg. Der Ankauf von Staatsanleihen hatte lange Zeit Vorteile. Entsprechend der Vorgaben von Basel muss das Halten von Staatsanleihen nicht mit Eigenkapital unterlegt werden, die Verzinsung lag jedoch nahe der von Krediten an den privaten Sektor (siehe Abb. 3.5 obere Graphik).

Ferner bedurfte der Ankauf von Staatsanleihen keiner gesonderten Prüfung der Kreditwürdigkeit, da der japanische Staat trotz immens anwachsender Verschuldung grundsätzlich als nicht ausfallgefährdet angesehen wird. Die Stabilität der Staatsfinanzen wurde dadurch gewährleistet, dass die Bank von Japan die niedrige Verzinsung der japanischen Staatsanleihen implizit garantierte, indem sie Anreize zum Ankauf der Staatsanleihen für die Banken setzte bzw. zunehmend selbst Staatsanleihen erwarb und eine Verstetigung der Anleihekäufe signalisierte. Die Banken konnten Verwaltungs- und Personalkosten sparen, da die Risikoprüfung überflüssig war. Ebenso wurde das Potenzial für notleidende Kredite reduziert.

Der Anteil der Kredite an den Gesamtaktiva ging für die Regionalbanken ersten Ranges von 66 % (1999) auf 63 % (2018) zurück (Abb. 5.7). Hingegen sank der Anteil der Staatsanleihen an den Gesamtaktiva von 10 % (1999) auf 9 % (2018) (Spitzenwert 2011: 18 %). Die Abnahme der Staatsanleihen als Anteil der Gesamtaktiva ab 2012 ist auf die vermehrten Ankäufe von Staatsanleihen der Bank von Japan im Zuge der Abenomics zurückzuführen. Für Regionalbanken zweiten Ranges ging der Anteil der Kredite als Anteil der Gesamtaktiva von 73 % (1999) auf 70 % (2018) zurück, während der Anteil der öffentlichen Anleihen von 8 % (1999) auf 7 % (2018) gefallen ist. Der Spitzenwert für den Anteil der öffentlichen Anleihen an den Gesamtaktiva lag für die Regionalbanken zweiten Ranges bei 14 % im Jahr 2012.

Im Vergleich zu den Regionalbanken war der Rückgang der Kredite als Anteil an den Aktiva mit 63 % im Jahr 1999 und 42 % im Jahr 2018 bei den City-Banken deutlich stärker ausgeprägt. Der Anteil der Staatsanleihen (im Gegensatz zu den Regionalbanken fast ausschließlich Anleihen der

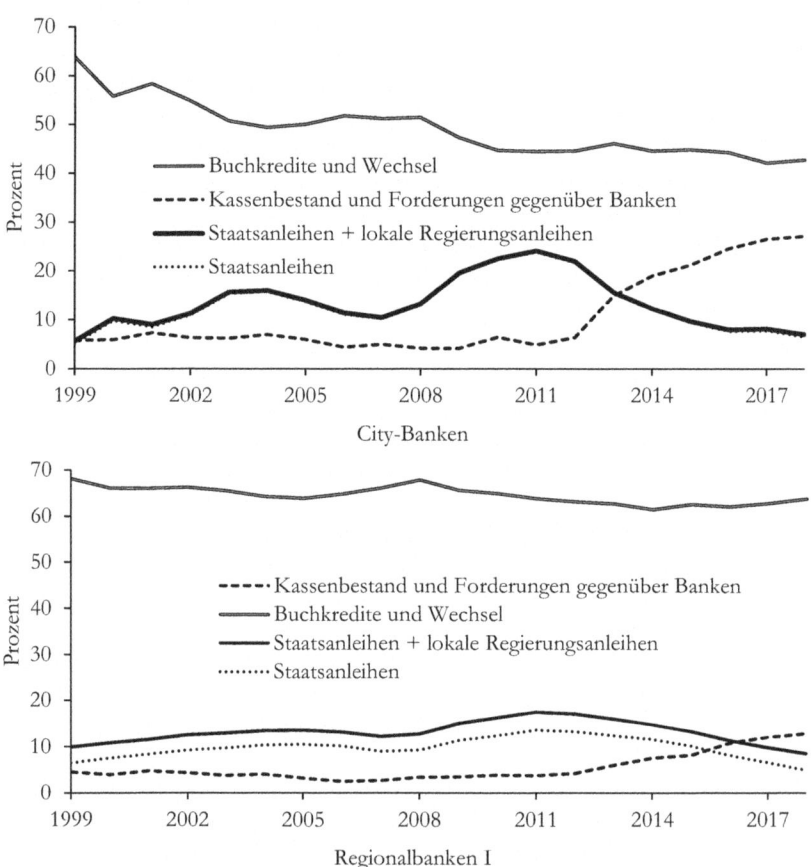

Abb. 5.7 Bilanzstruktur im japanischen Bankensektor (Aktivseite). (Quelle: Japanese Bankers Association, Shinkin Central Bank. Forderungen gegenüber Banken einschließlich Zentralbank)

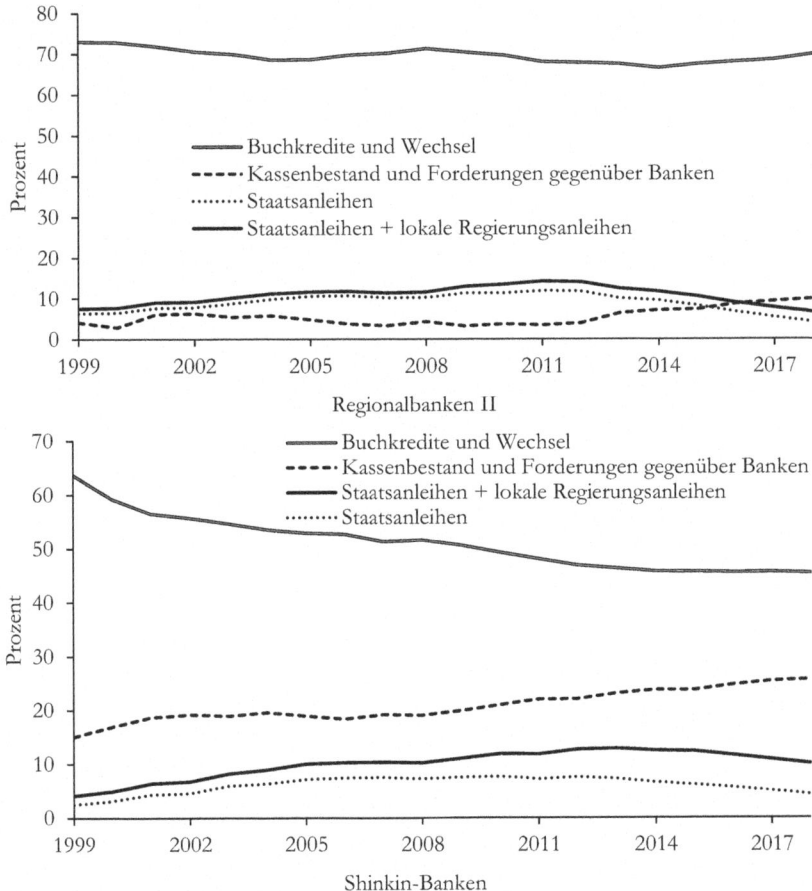

Abb. 5.7 (Fortsetzung)

Zentralregierung) stieg von 5 % (1999) auf 7 % (2018). Im Jahr 2011 war bei den City-Banken der Spitzenwert mit 24 % beim Anteil der Staatsanleihen an den Gesamtaktiva erreicht. Bei den Shinkin-Banken blieb der Anteil der Kredite an den Gesamtaktiva von 66 % im Jahr 1999 auf 64 % im Jahr 2018 weitgehend konstant. Der Anteil der Anleihen von Zentralregierung und lokalen Regierungen an den Aktiva stieg von 8 % im Jahr 1999 auf 14 % im Jahr 2012 und fiel bis 2018 auf 7 %.

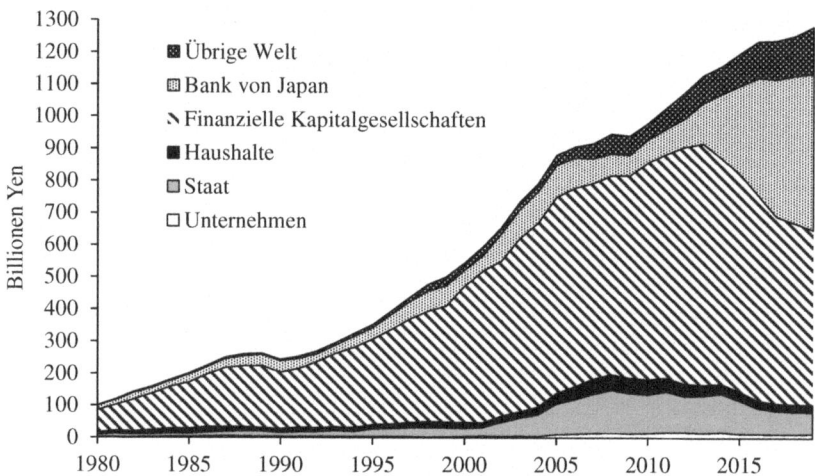

Abb. 5.8 Ausstehende öffentliche Anleihen Japans nach Anleger. (Quelle: Bank von Japan. Haushalte einschließlich private Organisationen ohne Erwerbszweck)

Der Anstieg der Staatsanleihen an den Aktiva der Geschäftsbanken wurde zunächst dadurch ermöglicht, dass die Staatsverschuldung im Verlauf der Krise drastisch anstieg. Das Volumen der ausstehenden öffentlichen Anleihen (Zentralstaat + Gebietskörperschaften) stieg von 167 Billionen Yen im Jahr 1990 auf 1280 Billionen Yen im Jahr 2019 (Abb. 5.8). Einen Großteil dieser Staatsanleihen hielt der Finanzsektor, bis zum Einsetzen der Abenomics zwischen 80 % (1990) und 70 % (2013).

Obwohl der Anteil der privaten Finanzinstitute an den gesamten ausstehenden Staatsanleihen zurückging, erhöhten sich deren Bestände deutlich, weil die Staatsverschuldung absolut sehr stark stieg. Dem Rückgang des Anteils der privaten Finanzinstitute an den gesamten ausstehenden Staatsanleihen stand ein Anstieg des Anteils der Bank von Japan entgegen, von 7 % im Jahr 1990 auf 15 % im Jahr 2013. Im Verlauf der Abenomics beschleunigte sich dieser Prozess. Die Bank von Japan hielt Ende 2019 bereits 38 % der Staatsanleihen, während der Anteil der privaten Finanzinstitute auf 42 % gefallen ist.

Der Anteil des Kreditgeschäfts an den Aktiva liegt für die Regionalbanken höher als für die City-Banken und auch die Shinkin-Banken. Der Rückgang der Bedeutung der Kredite für die Geschäftstätigkeit fiel für die Regionalbanken geringer aus als für die City-Banken. Die Regionalbanken sind im Gegensatz zu den

City-Banken ein wichtiger Kreditgeber für die regionalen Gebietskörperschaften (siehe Abb. 3.1). Abb. 5.7 macht deutlich, dass seit dem Einsetzen der Abenomics bei allen Bankentypen Staatsanleihen gegen Einlagen bei der Zentralbank (siehe Kassenbestand und Forderungen gegenüber Banken) getauscht wurden, die sich wie die Staatsanleihen nur noch gering bzw. sogar negativ verzinsen. Die Abhängigkeit der Regionalbanken und aller Banken vom Staat wurde damit durch die Abenomics reduziert, während die Abhängigkeit von der Zentralbank gestiegen ist. Zudem haben mit den Abenomics die Anlagen im Ausland deutlich zugenommen.

5.3 Entwicklung der Ertragslage

Der Rückgang der Zinsüberschüsse war im Wesentlichen durch drei Bestimmungsgrößen getrieben. Erstens drückten die graduellen Zinssenkungen gegen null (bis 1999) und wachsenden Anleihekäufe der Bank von Japan im Zuge der unkonventionellen Geldpolitik auf die Kreditmargen (siehe Abb. 3.5). Der Druck auf die Kreditmargen war bei den Regionalbanken und Shinkin-Banken besonders stark (siehe Abb. 5.9). Diese gingen für die Regionalbanken erstens Ranges zwischen 1999 und 2020 um 1,35 Prozentpunkte und für die Regional-banken zweiten Ranges um 1,67 Prozentpunkte zurück. Für die Shinkin-Banken

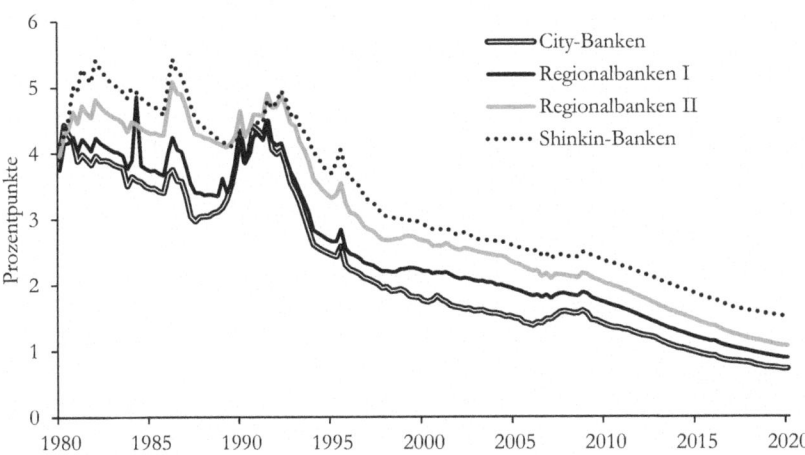

Abb. 5.9 Kreditmargen nach Bank-Typ. (Quelle: Bank von Japan, Japanisches Finanzministerium)

war ein Rückgang von 1,45 Prozentpunkten, für die City-Banken von nur 1,19 Prozentpunkten zu beobachten. Zudem ging für die City-Banken, Regionalbanken zweiten Ranges und die Shinkin-Banken seit 1999 das Kreditvolumen zunächst stark zurück. Erst seit 2011 bzw. mit den Abenomics ist für alle Bank-Typen eine Erholung des Kreditgeschäftes zu beobachten.

Die Abb. 5.10 und 5.11 geben einen Überblick über die Entwicklung der wichtigsten Ertragskomponenten der japanischen Banken. Der Zinsüberschuss (Zinserträge minus Zinsaufwendungen) ging zwischen 1999 und 2018 für alle Bank-Typen stark zurück. Für die Regionalbanken ersten Ranges lag der Rückgang des Zinsüberschusses im Betrachtungszeitraum von 1999 bis 2018 bei 18 %, für die Regionalbanken zweiten Ranges bei 37 %. Für die großen City-Banken lag der Rückgang im Vergleich dazu bei 33 %, für die Shinkin-Banken bei 28 %.

Im gleichen Zeitraum konnte der Provisionsüberschuss (Erträge aus Gebühren und Kommissionen abzüglich der Aufwendungen für Gebühren und Kommissionen) von allen Bank-Typen außer den Shinkin-Banken deutlich erhöht werden. Bei den Regionalbanken ersten Ranges stieg der Provisionsüberschuss zwischen 1999 und 2018 um 41 %, bei den Regionalbanken zweiten Ranges um 33 %. Die City-Banken erhöhten den Provisionsüberschuss im gleichen Zeitraum noch sehr viel deutlicher um 132 %, während er bei den Shinkin-Banken um 37 % fiel.

Da das Nettoergebnis des Handelsbestandes für die Erträge der Banken nur eine vergleichsweise geringe Rolle spielt, veränderte sich die Struktur der operativen Erträge in der Tendenz zugunsten des Provisionsüberschusses und auf Kosten der Zinsüberschüsse. Bei den City-Banken standen im Jahr 1999 Nettozinseinkommen in Höhe von 4,35 Billionen Yen ein ordentlicher Gewinn von 1,42 Billionen Yen entgegen. Im Jahr 2018 waren die Nettozinseinkommen auf 2,92 Billionen Yen gefallen, während der ordentliche Gewinn auf 1,72 Billionen Yen gestiegen war. Die Regionalbanken ersten Ranges hatten im Jahr 1999 Nettozinseinkommen in Höhe von 3,48 Billionen Yen, denen ein ordentlicher Gewinn von 0,41 Billionen Yen gegenüberstand. Im Jahr 2018 war das Nettozinseinkommen der Regionalbanken ersten Ranges auf 2,86 Billionen Yen gefallen und der ordentliche Gewinn auf 0,93 Billionen Yen angestiegen.

Die Regionalbanken zweiten Ranges wiesen im Jahr 1999 Nettozinseinkommen in Höhe von 1,22 Billionen Yen aus. Der ordentliche Gewinn lag bei 0,04 Billionen Yen. Im Jahr 2018 waren die Nettozinseinkommen auf 0,77 Billionen Yen gefallen, während der Gewinn auf 0,17 Billionen Yen gestiegen war. Die Shinkin-Banken hatten im Jahr 1999 Nettozinseinkommen von 2,12 Billionen Yen, die 2018 auf 1,55 Billionen Yen gefallen waren. Der ordentliche Gewinn hat sich von 0,21 Billionen Yen (1999) auf 0,32 Billionen Yen (2018) erhöht.

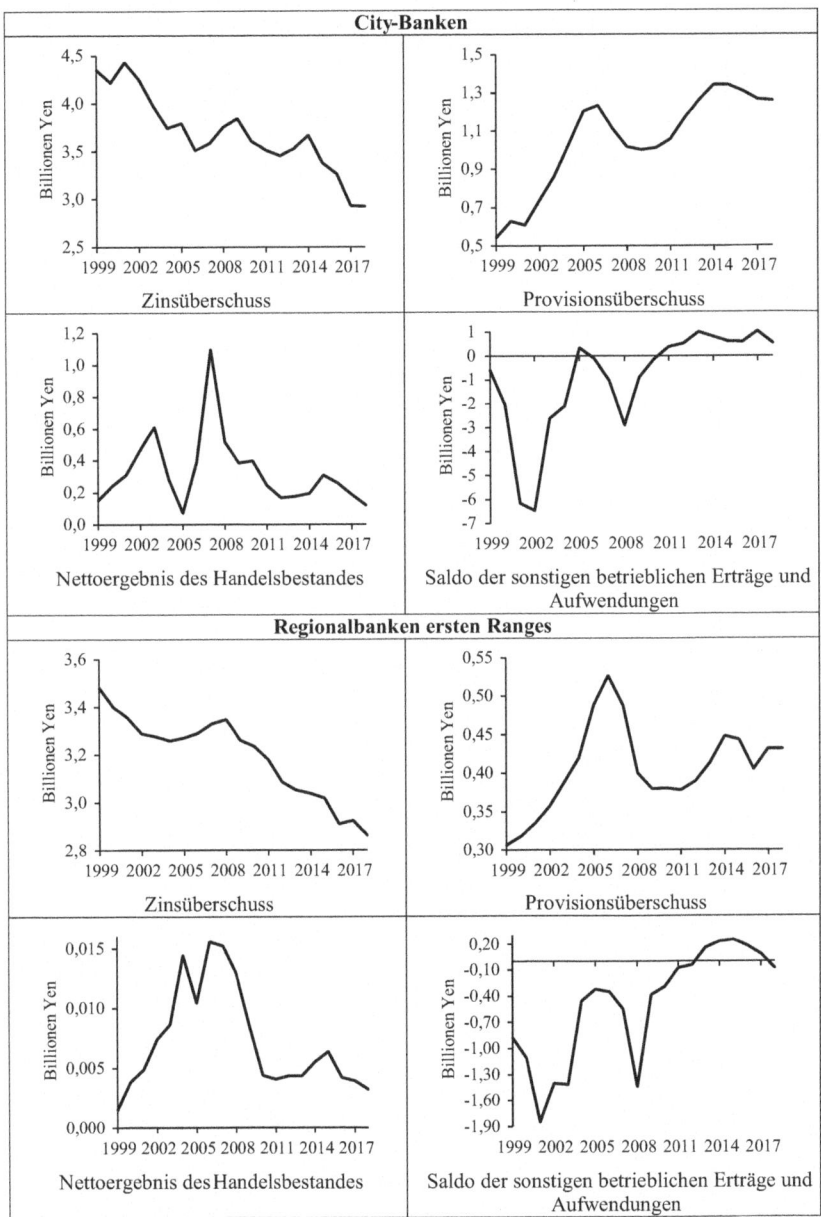

Abb. 5.10 Nettoerträge der City-Banken und der Regionalbanken erstens Ranges. (Quelle: Japanese Bankers Association (全国銀行協会))

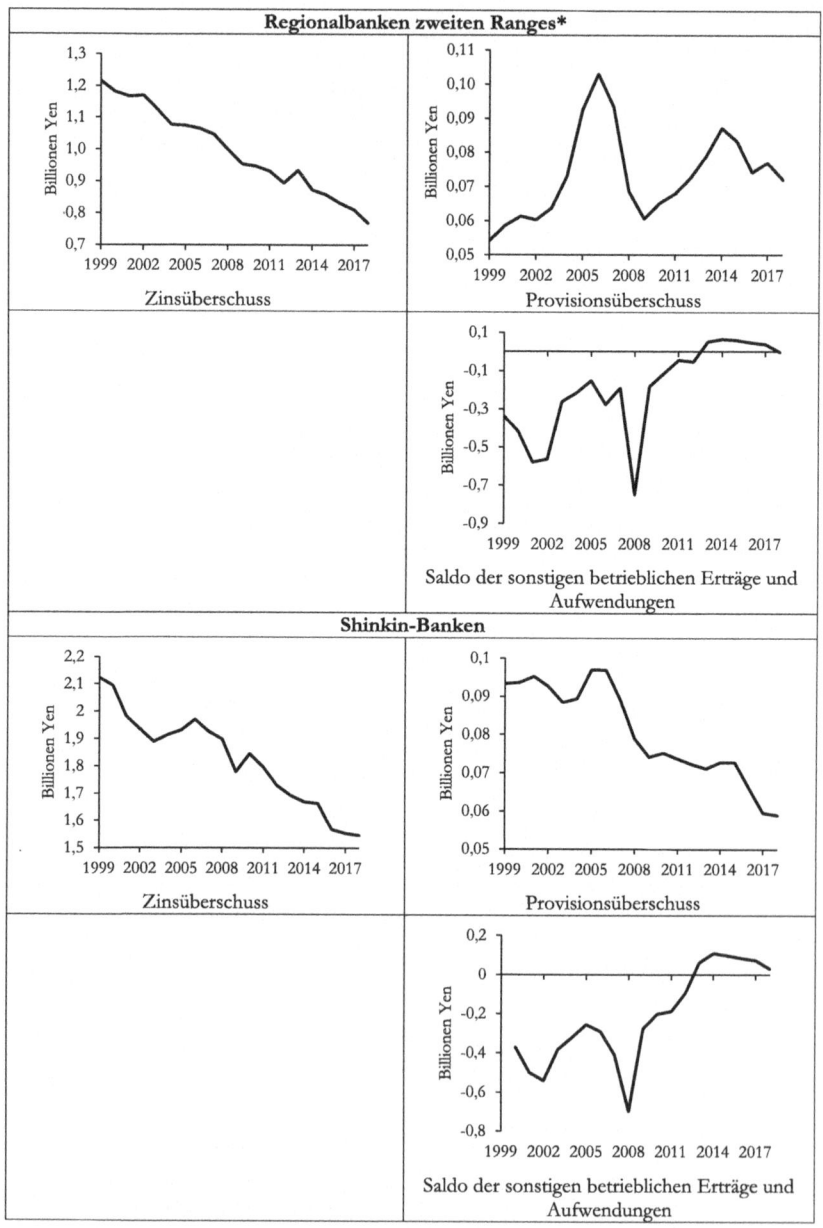

Abb. 5.11 Nettoerträge der Regionalbanken II und Shinkin-Banken. (Quelle: Japanese Bankers Association (全国銀行協会), Shinkin Central Bank (信用中央金庫). *Plus Treuhand-Banken, Shinsei-Bank und Aozora-Bank)

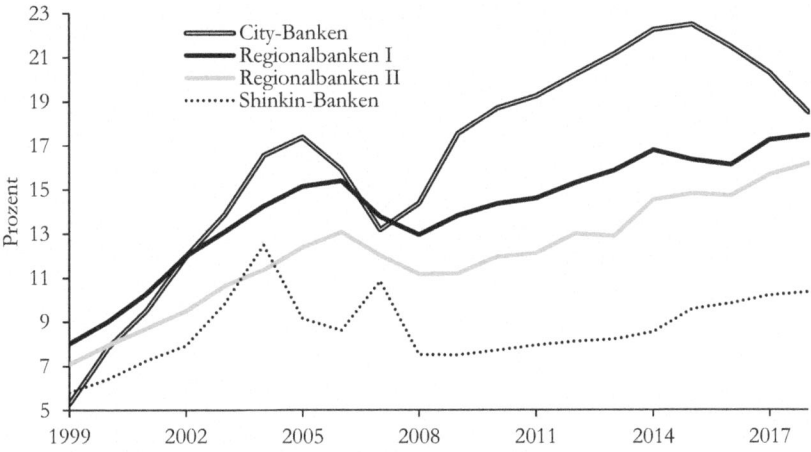

Abb. 5.12 Anteil der Bruttoerträge aus Gebühren und Kommissionen an den operativen Bruttoerträgen. (Quelle: Japanese Bankers Association, Shinkin Central Bank)

Aufgrund eines weniger starken Geschäftes beim Verkauf von Investment-fonds sind die Regionalbanken bei der Entwicklung des Gebührengeschäftes hinter den großen City-Banken zurückgeblieben (Abb. 5.12). Die City-Banken konnten den Anteil der Bruttoerträge aus Gebühren und Provisionen an den operativen Bruttoerträgen von 5 % im Jahr 1999 auf 18 % im Jahr 2018 steigern. Hingegen stieg dieser Wert bei den Regionalbanken ersten Ranges von 8,0 % im Jahr 1999 auf 17 % im Jahr 2018. Bei den Regionalbanken zweiten Ranges war ein Anstieg von 8 % im Jahr 1999 auf 16 % im Jahr 2018 zu verzeichnen. Am schlechtesten entwickelte sich das Provisionsgeschäft bei den Shinkin-Banken. Der Anteil der Bruttoerträge aus Gebühren und Kommissionen an den operativen Bruttoerträgen stieg lediglich von 6 % im Jahr 1999 auf 10 % im Jahr 2018.

5.4   Entwicklung der Kosten: Fusionen, Filialschließungen und Personalkosten

Die Abb. 5.13 und 5.14 zeigen die Entwicklung der wichtigsten Kosten-positionen. Die Personalkosten als wichtigste Kostenposition wurden im Ver-lauf der Krise seit 1999 kontinuierlich reduziert, jedoch bei den Regional- und Shinkin-Banken stärker als bei den City-Banken. Bei den City-Banken sanken

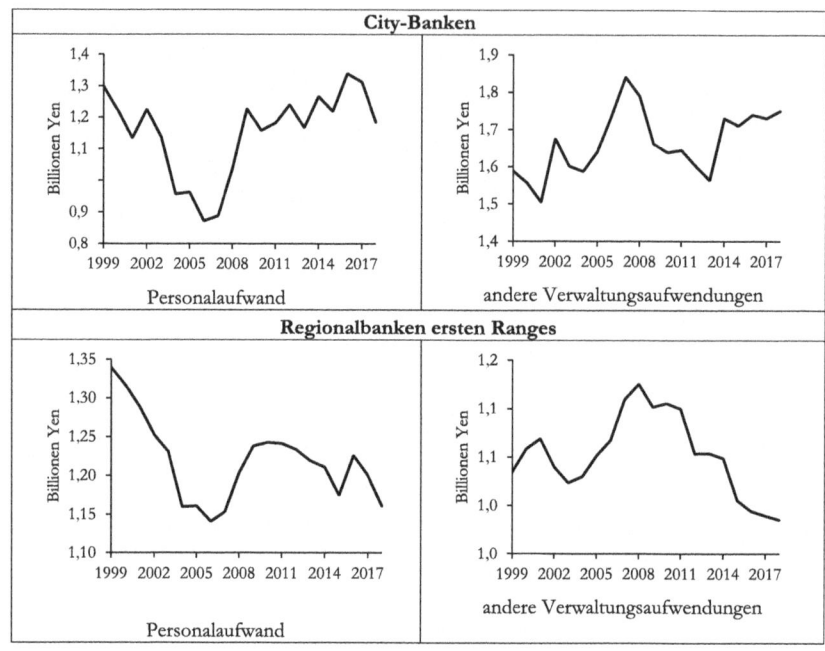

Abb. 5.13 Kostenpositionen der City-Banken und Regionalbanken I. (Quelle: Japanese Bankers Association (全国銀行協会))

die Personalkosten seit 1999 zunächst deutlich und stiegen dann wieder an, sodass sich im Zeitverlauf bis zum Jahr 2018 nur eine geringe Reduktion ergibt (Abb. 5.13). Die Personalkosten sanken bei den Regionalbanken ersten Ranges zwischen 1999 und 2018 um 13,4 % und bei den Regionalbanken zweiten Ranges um 29 %. Shinkin-Banken reduzierten im gleichen Zeitraum die Personalkosten um 19 % (Abb. 5.13 und 5.14).

Die anderen Verwaltungsaufwendungen stiegen bei den City-Banken zwischen 1999 und 2018 um 10,8 % an, während die Regional- und Shinkin-Banken die Verwaltungsaufwendungen reduzierten (Abb. 5.13 und Abb. 5.14). Die Regionalbanken ersten Ranges reduzierten die anderen Verwaltungsaufwendungen im gleichen Zeitraum um 6,9 %, die Regionalbanken zweiten Ranges um 21,5 % und die Shinkin-Banken um 16,3 %.

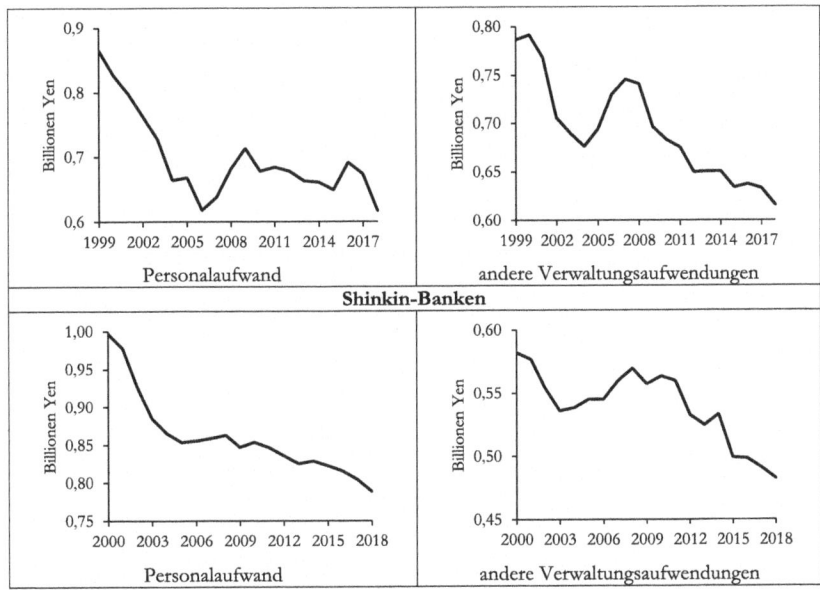

Abb. 5.14 Nettokostenpositionen der Regionalbanken II und Shinkin-Banken. (Quelle: Japanese Bankers Association (全国銀行協会), Shinkin Central Bank. *plus 4 Treuhand-Banken, Shinsei-Bank und Aozora-Bank)

Ein wichtiger Treiber bei der Reduktion der Kosten waren Fusionen. Die Anzahl der Banken hat sich bei den City-Banken, den Regionalbanken zweiten Ranges sowie bei den Shinkin-Banken stark reduziert. Hosono et al. (2007) unterscheiden vier Motive für die Fusionen: die Realisierung von Effizienzgewinnen, die Erhöhung der Marktmacht, die Ausweitung des Machtbereichs für das obere Management (Empire Building) sowie die Verbesserung der Verhandlungsposition gegenüber der Regierung hinsichtlich möglicher finanzieller Unterstützungen (Rekapitalisierungen). Fusionen erfolgten oft nach dem Konvoi-Prinzip (Shimizu 2000): wirtschaftliche schwächere Finanzinstitute wurden – oft auch unter Beteiligung des Staates – von wirtschaftlich stärkeren Instituten übernommen. Mit der Rekapitalisierung des Bankensektors ab 1998

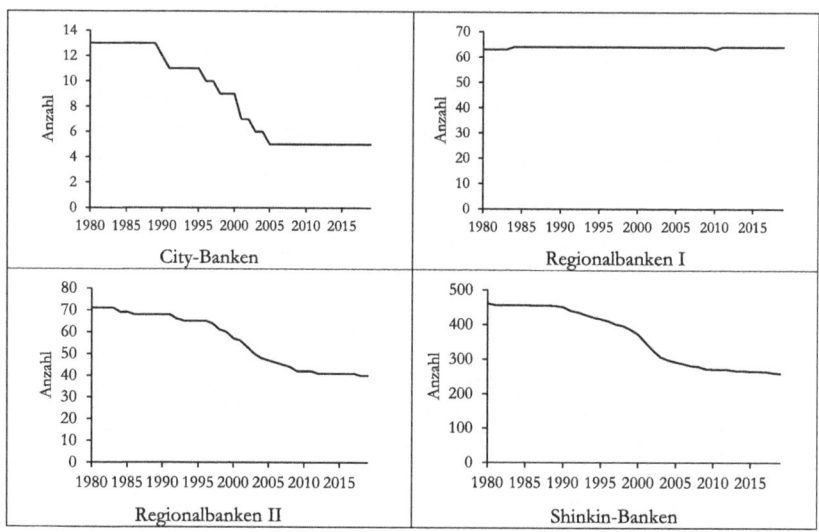

Abb. 5.15 Anzahl der Banken nach Bank-Typ. (Quelle: Japan Financial Yearbook (日本金融名鑑))

wurde beispielsweise die Fusion zwei größerer Regionalbanken und von City-Banken mit einer Rekapitalisierung unterlegt (Hosono et al. 2007, S. 8).[2]

Der Konzentrationsprozess bei den Banken betraf vor allem die City-Banken, Regionalbanken zweiten Ranges und die Shinkin-Banken (Abb. 5.15). Die Tatsache, dass seit 1999 alle 64 Regionalbanken erstens Ranges ihre Eigenständigkeit erhalten konnten, kann darauf zurückgeführt werden, dass diese aus historischen Gründen über höheres Kapital als die Regionalbanken zweiten Ranges verfügen.

Der Anpassungsdruck bei den Regionalbanken ging deshalb auf Kosten der kleineren Regionalbanken zweiten Ranges, deren Anzahl von 68 im Jahr 1990

---

[2]Das *Special Measures Law for the Promotion of Financial Institutions Reorganization* (金融機関等の組織再編成の促進に関わる特別措置法) vom Oktober 2002 erlaubte es der Regierung, im September 2003 die Kanto Tsukuba Bank zu rekapitalisieren. Das *Financial Function Reinforcement Law* (金融機能強化法) trat im April 2004 in Kraft und ermöglichte die Rekapitalisierung von gesunden Regional- und Shinkin-Banken. Unter diesem Gesetz wurden beispielsweise die Kiyo Holdings und Howa Bank im Jahr 2006 rekapitalisiert.

auf 40 in Jahr 2019 um gut 40 % zurückging (Abb. 5.15). Die Regionalbanken
zweiten Ranges haben aufgrund ihrer unterschiedlichen historischen Entwicklung
ein geringes Kapital, was sich für die Ausweitung des Kreditgeschäftes als
Hindernis erwies. Für alle Regionalbanken ergibt sich daraus ein Rückgang der
Anzahl der Banken um 21 %.

Auch bei den großen City-Banken entwickelte sich im Verlauf der 1990er
ein Konzentrationsprozess, der deren Anzahl von 13 im Jahr 1990 auf heute
5 reduziert hat. Die Konzentration bei den City-Banken wurde einerseits von
Bankrotten wie der Hokkaido Takushoku Bank in der japanischen Finanzkrise (1998) und andererseits von großen Fusionen getragen. Die Fusionen der
City-Banken umfassten auch andere Bank-Typen wie Wertpapierfirmen und die
auf das Devisengeschäft spezialisierte Bank of Tokyo. Weil viele Trust-Banken in
die neuen „Megabanken" integriert wurden, weitete sich durch die Fusionen das
qualitative Geschäftsfeld der City-Banken aus.

Es entstanden Bankenkonglomerate mit weitem Geschäftsfeld, die sich sowohl
in der Vermögensverwaltung engagierten als auch im Wertpapierhandel Skaleneffekte nutzen können. Die neuen japanischen Mega-Banken haben eine bessere
Ausgangsposition für die Geschäfte im Ausland als die Regionalbanken, weil
sie bereits über mehr Erfahrung im Auslandsgeschäft verfügen und auf den
internationalen Finanzmärkten, z. B. bei der Beschaffung von Devisen, größere
Skaleneffekte erreichen können.

Mit der Anzahl der Banken reduzierte sich auch die Anzahl der Filialen.[3]
Abb. 5.16 zeigt, dass die Anzahl der Filialen in den 1980er Jahren bei allen
Banken sehr stark angestiegen ist, was auch auf die Automatisierung im
Zahlungsgeschäft (Bankautomaten) zurückgeführt werden kann. Dieser Trend
hielt bis in die erste Hälfte der 1990er Jahre an, wo er dann für alle Bank-Typen
seinen Wendepunkt fand. Es ist anzumerken, dass die Daten des Japan Financial
Yearbook über die Anzahl der Filialen keine Aussagen hinsichtlich der Qualität
der Filialen gemessen in der Anzahl der dort beschäftigten Mitarbeiter macht.

Die Anzahl der Filialen der Citybanken fiel von der Spitze im Jahr 1992 mit
3579 Filialen auf 2397 Filialen im Jahr 2014 um 33 %. Der Anstieg der Anzahl
der Filialen im Jahr 2015 ist ein Sondereffekt, der mit den Olympischen Spielen
in Tokio (ursprünglich für das Jahr 2020 geplant) verbunden ist (Nihonkeizai

---

[3]Es gibt zwei Arten von Filialen: Filialen mit Angestellten, die auch Bankgeschäfte ent-
gegennehmen, Investmentfonds und Versicherungen verkaufen, Kredite abschließen und
Konten eröffnen, heißen „shiten" (支店) bzw. „honshiten" (本支店). Dagegen heißen
Filialen, bei denen die Dienstleistungen eingeschränkt sind (z. B. nur Automaten),
„shuchoujo" (出張所).

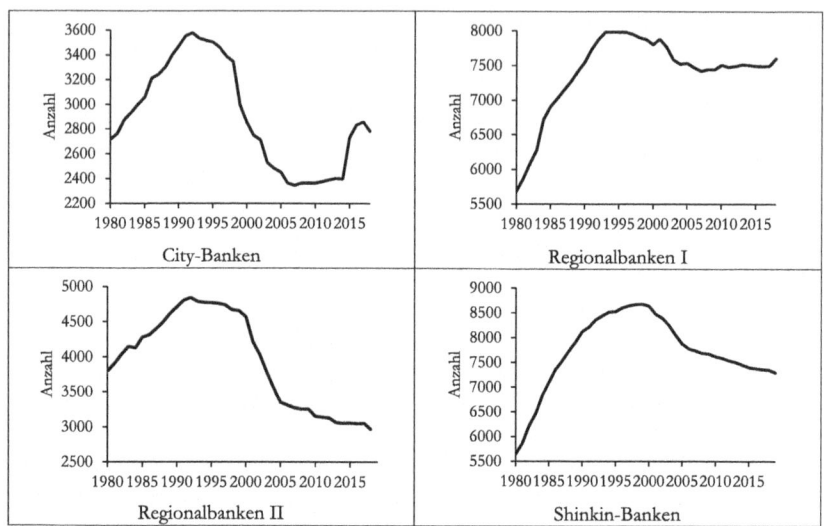

Abb. 5.16 Anzahl der Filialen nach Bank-Typ. (Quelle: Japan Financial Yearbook (日本金融名鑑). Es wird nicht nach Veränderungen der Größe der Filialen unterschieden. Kleine Stationen, die nur über Geldautomaten verfügen, werden auch als Filialen gezählt.)

Shinbun 04.12.2015): Die Mitsui-Sumitomo Bank weitete im Bereich des Gebietes, in dem ein großer Zustrom an Besuchern erwartet wird, die Anzahl der Shuchojo (出張所) (d. h. Geldautomaten) deutlich aus, um zusätzliches Gebührengeschäft zu generieren. Die Regionalbanken ersten Ranges reduzierten die Anzahl der Filialen von der Spitze im Jahr 1993 in Höhe von 7978 auf 7606 im Jahr 2018 um 4,7 %.

Die Regionalbanken zweiten Ranges reduzierten die Anzahl der Filialen von der Spitze im Jahr 1992 in Höhe von 4842 auf 2967 im Jahr 2018 um 39 %. Die kleinen, auf regionales Kreditgeschäft ausgerichteten Shinkin-Banken reduzierten die Anzahl ihrer Filialen von 8673 im Jahr 1999 (dem Jahr, mit den meisten Filialen) auf 7294 im Jahr 2019 um 15,9 %.

Mit den Fusionen bei den Banken und der Schließung von Filialen ging auch bei allen Bank-Typen die Anzahl der regulären Mitarbeiter deutlich zurück. (Das Japan Financial Yearbook macht keine Angaben über die Anzahl der nicht regulären Mitarbeiter wie Teilzeitangestellte oder Mitarbeiter mit Zeitverträgen.) Abb. 5.17 zeigt, dass die Anzahl der regulären Mitarbeiter bei allen Bank-Typen in den 1980er Jahren weitgehend konstant war. Der Rückgang der regulären Mitarbeiterzahlen setzt Mitte der 1990er Jahre noch vor der japanischen

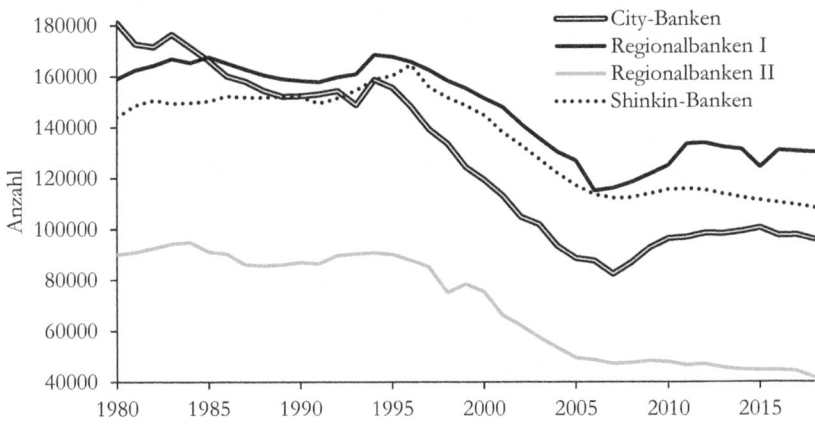

Abb. 5.17 Anzahl der regulären Mitarbeiter nach Bank-Typ. (Quelle: Japan Financial Yearbook (日本金融名鑑))

Finanzmarktkrise ein. Während für die Regionalbanken zweiten Ranges und die Shinkin-Banken der Trend seither ungebrochen nach unten zeigt, ist für die Regionalbanken ersten Ranges und die City-Banken im Jahr 2007 ein Wendepunkt zu beobachten. Die Anzahl der regulären Mitarbeiter ist seitdem wieder deutlich angestiegen, wobei sich dieser Trend zuletzt wieder abgeflacht hat.

Die City-Banken reduzierten die Anzahl der regulären Mitarbeiter von 158.869 im Jahr 1994 auf 95.922 im Jahr 2018 um 39,6 %. Im Jahr 2007 war die Anzahl der regulären Mitarbeiter bereits auf 82.317, also gegenüber dem Jahr 1994 um 48 % gefallen. Der Anstieg der regulären Mitarbeiter bei den City-Banken seit dem Jahr 2007 wird auf eine bessere Geschäftslage seit Einsetzen der Abenomics zurückgeführt. Die Anzahl der regulären Mitarbeiter ist bei den Regionalbanken ersten Ranges von 168.462 im Jahr 1994 (dem Jahr, mit der höchsten Anzahl) auf 130.101 im Jahr 2018 um 23 % gefallen. Im Jahr 2007 war die Anzahl der regulären Mitarbeiter der Regionalbanken ersten Ranges bereits auf 113.636 um 32,5 % zurückgegangen. Bei den Regionalbanken zweiten Ranges fiel der Rückgang noch stärker aus. Von 90.721 im Jahr 1994 (dem Jahr, mit der höchsten Anzahl) auf 41.734 im Jahr 2018, also ein Rückgang um 54 %. Die Shinkin-Banken reduzierten die Anzahl der regulären Mitarbeiter von 164.537 im Jahr 1996 auf 106.541 im Jahr 2018 um 32 %.

Tab. 5.2 fasst die Entwicklung bei den wichtigsten Kennzahlen seit 1990 zusammen. Es fällt auf, dass die Regionalbanken ersten Ranges die Anzahl

Tab. 5.2 Übersicht über die Veränderung der wichtigsten Kennzahlen (1990–2018)

	CB (%)	RB I (%)	RB II (%)	SKB (%)
Anzahl der Banken	−62	0	−41	−43
Anzahl der Filialen	−20	+1	−37	−10
Anzahl der regulären Mitarbeiter	−37	−17	−51	−29

Quelle: Japan Financial Yearbook (日本金融年鑑)

der Filialen weitgehend unverändert gelassen haben. In der Financial Services Agency wird dies mit den Bemühungen der Regionalbanken ersten Ranges begründet, Kunden zu binden. Dies kann auch im Kontext der sinkenden Anzahl der Regionalbanken zweiten Ranges gesehen werden. Diese haben viele Filialen aufgegeben, sodass deren Kunden teilweise von den noch bestehenden Filialen der Regionalbanken ersten Ranges angezogen werden konnten.

Entsprechend sind die anderen Verwaltungsaufwendungen der Regionalbanken ersten Ranges über den Zeitverlauf weitgehend konstant geblieben, während sie bei den Regionalbanken zweiten Ranges deutlich gesunken sind. Nach Aussagen der Financial Services Agency halten die Regionalbanken ersten Ranges ihr Filialnetz noch aufrecht, um die älteren Kunden an sich zu binden. Mit dem zu erwartenden Bevölkerungsrückgang in der Peripherie Japans sei auch ein weiterer deutlicher Rückgang der Filialen der Regionalbanken zweiten Ranges zu erwarten. In der Reduktion der Filialen bestehe noch ein großes Kosteneinsparpotenzial für die Regionalbanken ersten Ranges.

Der Druck auf die japanischen Banken, die Kosten zu reduzieren, war mit dem von den schrumpfenden Zinsmargen ausgehenden Rückgang der Einnahmen hoch. Die Zahlen des Japan Financial Yearbook zeigen, dass der Kostendruck insbesondere über die Anzahl der regulären Mitarbeiter ausgeglichen wurde, die für alle Bankentypen seit der zweiten Hälfte der 1990er Jahre stark rückläufig war (siehe Abb. 5.17). Das hatte Auswirkungen auf die Altersstruktur der regulären Beschäftigten und auf das Lohnniveau einzelner Beschäftigungsgruppen. Die Daten des Ministry of Health, Labour and Welfare (厚生労働省) geben keine Auskunft über Strukturentwicklungen bei Personalkosten einzelner Bank-Typen, aber bezüglich der Größe.

Die Anzahl der regulär Beschäftigten ist bei den Banken aller Größen zurückgegangen (Abb. 5.18). Für den Zeitraum zwischen 2000 und 2018 ging die Anzahl der regulär Beschäftigten aller Finanzinstitute um 17,3 % zurück. Bei den Instituten mit mehr als 1000 Mitarbeitern ging die Anzahl der Beschäftigten zwischen 2000 und 2018 hingegen nur um 11,7 % zurück. Bei den mittelgroßen

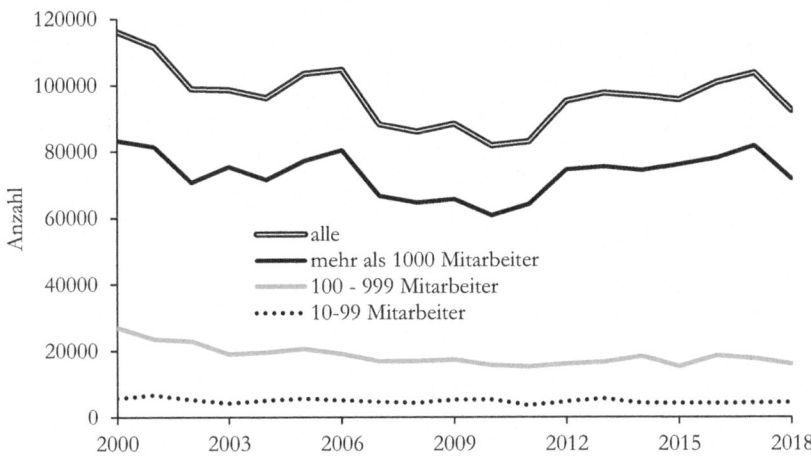

Abb. 5.18 Anzahl der regulären Mitarbeiter nach Größe. (Quelle: Ministry of Health, Labour and Welfare (厚生労働省))

Instituten mit 100 bis 999 Beschäftigten lag der Rückgang der regulär Beschäftigten bei 31,7 %. Die kleinen Finanzinstitute mit 10 bis 99 Beschäftigten hatten einen Rückgang der Beschäftigten um 33,8 % im Zeitraum von 2000 bis 2018 zu verzeichnen. Für die Finanzinstitute aller Größen war dieser Rückgang im Jahr 2010 bereits stärker als 2018 ausgeprägt. Allerdings kann mit der einschneidenden Krise im Jahr 2020 fortan ein erneuter Rückgang der Angestellten erwartet werden. Hinsichtlich der Anzahl der Mitarbeiter bewirkten die Anpassungsmaßnahmen an die Krise eine Konzentration der Mitarbeiter auf Institute mit mehr als 1000 Mitarbeitern.[4]

Die Reduktion der Mitarbeiterzahlen veränderte bei den Finanzinstituten aller Größen die Altersstruktur der Mitarbeiter (Abb. 5.19). Der Anteil der 50- bis 64jährigen an den regulären Mitarbeitern ist zwischen 2000 und 2018 für die Gruppe aller Finanzinstitute von 19 % auf 29 % angestiegen. Der Anteil der Mitarbeiter zwischen 19 und 29 ist von 29 % auf 23 % gefallen. Ebenso ist der Anteil der 30- bis 39jährigen an allen Beschäftigten von 27 % auf 22 % gefallen, während der Anteil der 40- bis 49jährigen leicht von 25 % auf 26 % gestiegen ist, aber seit einigen Jahren stark fällt. Für den japanischen Finanzsektor ist damit

---

[4]Diese wurde auch durch eine wachsende Anzahl von Fusionen von Banken begünstigt.

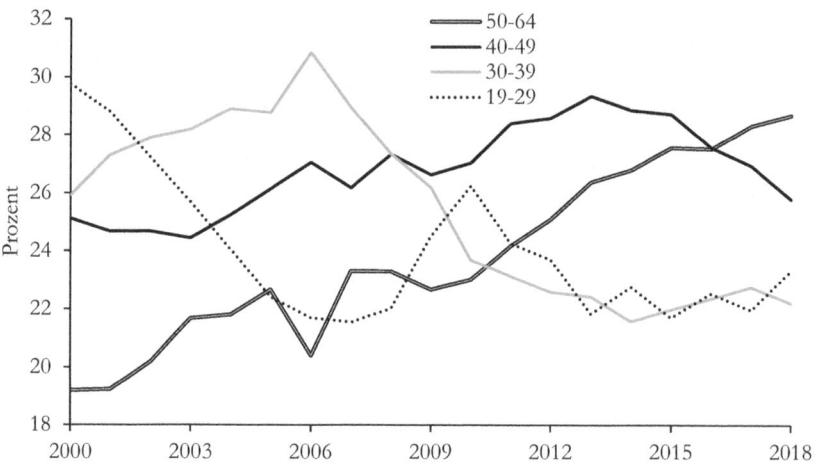

Abb. 5.19 Altersstruktur der Mitarbeiter bei allen Finanzinstitutionen. (Quelle: Ministry of Health, Labour and Welfare (厚生労働省))

eine deutliche Alterung der Mitarbeiterstruktur zu beobachten, die die Alterung der gesamten Gesellschaft widerspiegelt.

Die Lohnentwicklung im japanischen Finanzsektor seit 1999 zeigt unterschiedliche Trends nach Größe der Finanzinstitution und nach Altersgruppe (Abb. 5.20).[5] Das durchschnittliche Lohnniveau aller Finanzinstitute über alle Altersgruppen hinweg lag 2018 bei 6,0 Mio. Yen pro Mitarbeiter im Jahr (50.847 €).[6] Bei allen Bankengrößen lag 2018 das Lohnniveau bei den 40- bis 49jährigen mit 7,3 Mio. Yen (61.864 €) am höchsten und bei den 20- bis 29jährigen mit 3,5 Mio. Yen (29.661 €) am geringsten.[7] Am zweithöchsten wurden die 50- bis 64jährigen mit 6,5 Mio. Yen (55.084 €) entlohnt. Die

---

[5]Die nominale Lohnentwicklung entspricht im Zeitraum zwischen 1999 und 2019 der realen Lohnentwicklung, weil in diesem Betrachtungszeitraum der Index der Konsumentenpreise weitgehend unverändert geblieben ist (+0,2% im Jahr 2019 gegenüber 1999). Das Lohnniveau setzt sich aus vertraglich fest vereinbarten und variablen Einkommensbestandteilen zusammen.

[6]Bei einem Wechselkurs von 118 Yen pro Euro.

[7]Dies entspricht der Lohnentwicklung über den Lebenszyklus hinweg, wie er in Japan üblich ist.

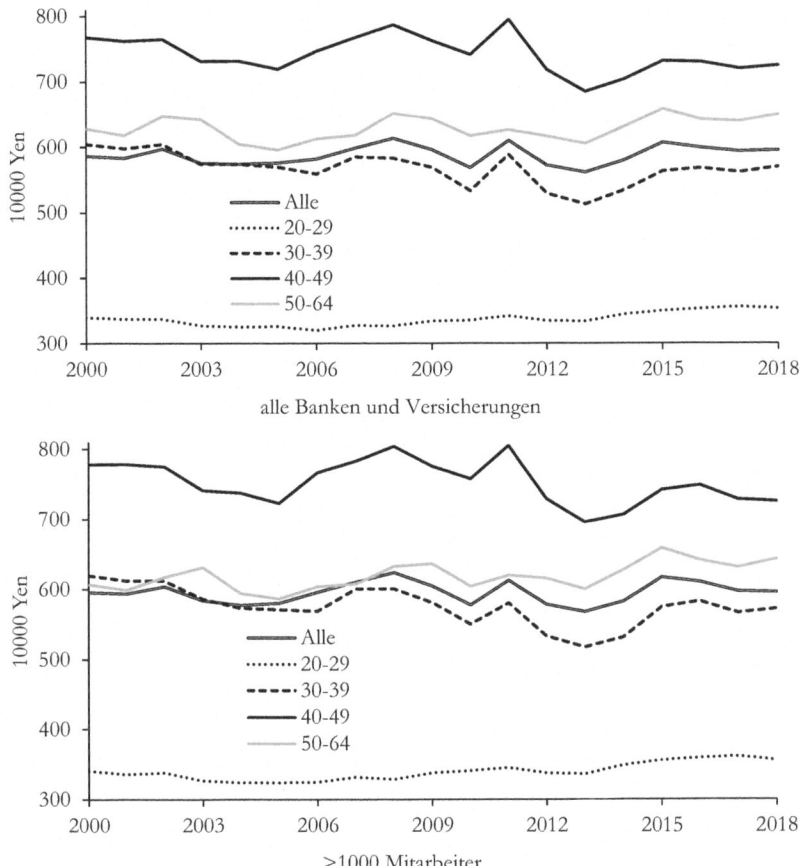

Abb. 5.20 Lohnentwicklung nach Altersgruppe und Größe. (Quelle: Ministry of Health, Labour and Welfare (厚生労働省). Grundgehälter plus variable Zulagen pro Jahr. Neue Altersgruppen. Nominale Lohnentwicklungen entsprechen für den Beobachtungszeitraum weitgehend realen Lohnentwicklungen)

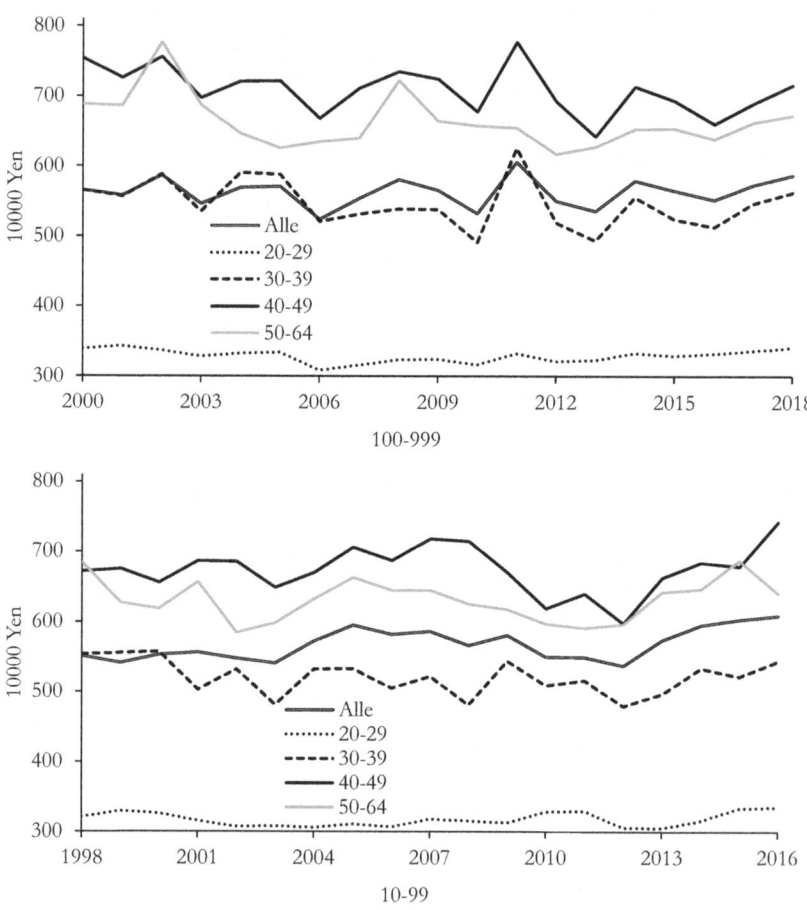

Abb. 5.20 (Fortsetzung)

dritthöchste Entlohnung nach Altersgruppe erhielten mit durchschnittlich 6,0 Mio. Yen (50.847 €) die 30- bis 39jährigen, deren Entlohnungsniveau nahe dem Durchschnitt aller Altersgruppen lag.

Tab. 5.3 zeigt die Entwicklung der Kostenstruktur der unterschiedlichen Bank-Typen. Alle hatten seit 1999 lange Zeit beträchtliche Abschreibungen auf notleidende Kredite (siehe auch Weistroffer 2013). Deshalb wird der Saldo der

Tab. 5.3   Kostenstruktur unterschiedlicher Bankentypen

	Personalkosten (%)	Andere Verwaltungsaufwendungen (%)	Saldo der anderen und außerordentlichen Aufwendungen und Erträge (%)	Treuhandgebühren (%)
City-Banken				
1999	33,3	40,8	21,8	4,1
2007	23,0	47,6	25,1	4,3
2014	42,1	57,5	−5,6	6,0
2018	38,3	56,5	−0,8	6,0
Regionalbanken I				
1999	39,6	30,6	26,1	3,7
2007	41,1	39,5	15,1	4,4
2014	52,5	45,4	−3,2	5,4
2018	49,4	41,9	2,40	6,3
Regionalbanken II				
1999	42,5	38,6	15,2	3,6
2007	39,1	45,7	10,7	4,3
2014	48,4	47,6	−1,1	5,0
2018	46,9	46,9	0,4	5,8
Shinkin-Banken				
1999	48,3	28,2	21,6	1,8
2007	49,8	32,5	15,9	1,8
2014	58,4	37,6	1,9	2,1
2018	59,5	36,5	1,3	2,7

Quelle: Japanese Bankers Association, Shinkin Central Bank

anderen und außerordentlichen Aufwendungen und Erträge (einschließlich der Abschreibungen auf notleidende Kredite) als Kostenposition interpretiert. Damit werden die Gesamtkosten als Summe der Personalkosten, der anderen Verwaltungsaufwendungen, des Saldos der anderen und außerordentlichen Erträge und Aufwendungen sowie der Treuhandgebühren errechnet. Der Saldo der anderen und außerordentlichen Erträge und Aufwendungen machte für beide Gruppen der Regionalbanken und die City-Banken im Jahr 1999 einen sehr großen Anteil der Gesamtaufwendungen aus (City-Banken: 21,8 %, Regionalbanken ersten Ranges: 26,1 %, Regionalbanken zweiten Ranges: 15,2 %, Shinkin-Banken: 21,6 %) (Tab. 5.3).

Die Abschreibungen auf notleidende Kredite wurden im Zeitverlauf stetig reduziert, sodass sie im Jahr 2014 für alle Bankentypen einen leichten Überschuss (in Tab. 5.3 mit negativem Vorzeichen) erreichten. Dies hatte drei Gründe. Erstens wurde der Bestand der notleidenden Kredite deutlich reduziert. Zweitens gingen die Banken weniger Risiken ein und mussten in Folge der globalen Finanzkrise vergleichsweise geringe Abschreibungen vornehmen. Drittens stabilisierten die Abenomics und die Veränderung rechtlicher Vorgaben hinsichtlich des Ausweisens von notleidenden Krediten bei Klein- und Mittelunternehmen (siehe Abschn. 2.5) den tatsächlichen und poteniellen Bestand an notleidenden Krediten.

Gerstenberger und Schnabl (2017) zeigen, dass trotz der wachsenden Konzentration im japanischen Bankensektor die Effizienz nicht zugenommen hat.

5.5 Die Beseitigung notleidender Immobilienkredite und Rekapitalisierungen

In den 1970er Jahren hatte das japanische Finanzministerium die Gründung von Finanzinstitutionen durch die Geschäftsbanken gefördert, die Hypothekenkredite an Haushalte vergaben, die sogenannten Jusen. Der Hintergrund war die zunehmende Nachfrage nach Hypothekenkrediten von Haushalten. Es waren folgende Jusen gegründet worden: Japan Housing Finance Agency (日本住宅金融), Housing Loan Service (住宅ローンサービス), Japan Housing Loan (日本ハウジングローン), Daiichi Housing Loan (第一住宅金融), Ju-So (住総), Chigin-Seiho Housing Loan (地銀生保住宅ローン), General Sumikin (総合住金), Cooperative Housing Loan (共同住宅ローン).

Da alle Jusen keine Banken waren und somit keine Spareinlagen annehmen durften, mussten sie ihr Geschäft über ihre Mutterbanken und andere Banken finanzieren. Zum Beispiel finanzierte die Japan Housing Finance Agency ihr Hypothekenkreditgeschäft hauptsächlich über fünf City Banken (Sanwa Bank, Sakura Bank, Asahi Bank, Daiwa Bank, Hokkaido-Takushoku Bank), zwei Regionalbanken (Yokohama Bank, Chiba Bank) und zwei Trust-Banken (Mitsui Trust Bank und Toyo Trust Bank). In der zweiten Hälfte der 1980er Jahre hatten die Jusen Hypothekenkredite nicht nur an Haushalte, sondern auch an

Immobilienunternehmen vergeben. Das gesamte Kreditvolumen der Jusen war im Verlauf der Blasenökonomie stark angestiegen und hatte im Jahr 1991 ca. 13 Billionen Yen erreicht. Für die Mutterbanken war das Geschäft wichtig, weil sich die Großunternehmen mit der Liberalisierung des Finanzmarktes seit den 1990er Jahren vermehrt direkt Kredite am Kapitalmarkt beschafften. Die Jusen verlangten höhere Zinsen als die Geschäftsbanken, weil sie sich bei den Geschäftsbanken refinanzieren mussten.

Die Geschäftsbanken kontrollierten die Jusen, da die Mitarbeiter der Jusen in der Regel von den Geschäftsbanken kamen. Die Mitarbeiter der Jusen überredeten oft Kunden mit guter Bonität, ihre Kredite direkt bei den Geschäftsbanken abzuschließen, wodurch sich Kunden mit schlechter Bonität bei den Jusen konzentrierten. Mit dem Platzen der Blase auf dem Aktienmarkt im Dezember 1989 (und daraus resultierenden Umschichtungen der Portfolios zugunsten von Immobilien), hatte sich das Kreditvolumen der Jusen bis 1991 nochmalig ausgeweitet, wodurch die Risiken weiter angestiegen waren. Diese wurden mit dem Platzen der Blase auf dem Immobilienmarkt ab 1991 sichtbar.

Im August 1995 wurde die Geschäftstätigkeit der Jusen von der Regierung untersucht. Es wurde bekanntgegeben, dass Kredite im Gesamtwert von ca. 6,4 Billionen Yen von einem Gesamtkreditvolumen von 12,3 Billionen Yen als notleidend einzustufen sind. Im Februar 1996 wurde die Auflösung von sieben Jusen (alle außer der Cooperative Housing Loan) beschlossen. Die Jusen wurden durch die Housing Loan Administration Corporation (住宅金融債権管理機構) abgewickelt. Im Juni 1996 wurden alle Kredite der sieben Jusen-Unternehmen von dem Housing Financing Bond Administration Mechanism der Housing Loan Administration Corporation übernommen, der für die Abwicklung der Jusen als Tochtergesellschaft von der Deposit Insurance Corporation gegründet worden war. Die Abschreibung der notleidenden Kredite in Höhe von 6,4 Billionen Yen erfolgte, indem die Mutterbanken alle Kredite der Jusen bei ihnen erließen (3,5 Billionen Yen) und andere Banken 1,7 Billionen Yen stundeten. Die Agricultural Bank bezahlte 0,53 Billionen Yen an die Housing Loan Administration Corporation. Die restlichen Kredite in Höhe von 0,68 Billionen Yen wurden mit öffentlichen Mitteln abgedeckt.

Die restlichen Hypothekenkredite, die von den Jusen an die Housing Loan Administration Corporation weitergegeben wurden, wurden wie folgt behandelt: Wenn bei der Abwicklung der Kredite ein Gewinn generiert wurde, dann wurde er über die Housing Loan Administration Corporation und die Deposit Insurance Corporation an die Regierung weitergegeben. Wenn bei der Abwicklung der Kredite ein Verlust entstand, dann wurde dieser von der Regierung und den Geschäftsbanken zu jeweils 50 % gedeckt. Im April 1999 wurden die Abwicklungsaktivitäten der Housing Loan Administration und der Resolution and Collection Corporation[8] (RCC, 整理回収機構) zusammengefasst. Die Hauptaufgabe der RCC war der Ankauf und die Abwicklung der notleidenden Kredite. Der RCC zufolge beträgt der bis 2015 akkumulierte Verlust, der bei der Abwicklung der Kredite von Jusen entstanden ist, ca. 1,4 Billionen Yen. Davon wurden 0,7 Billionen Yen von den Geschäftsbanken und die andere Hälfte von der Regierung getragen.

Mit dem Platzen der Blasen auf den Aktien- und Immobilienmärkten waren auch die japanischen Banken seit den frühen 1990er Jahren mit einem hohen Bestand an (potenziell) notleidenden Krediten konfrontiert. Das Problem äußerte sich Mitte der 1990er Jahre mit dem Bankrott von ersten Kreditkooperativen und einer Regionalbank zweiten Ranges. Eine umfassende Rekapitalisierung des Bankensektors blieb hingegen zunächst aus, weil diese politisch unpopulär war. Das Problem wurde im Verlauf der japanischen Finanzmarktkrise (1998) mit dem Bankrott großer Finanzinstitutionen wie der Hokkaido Takushoku Bank oder Yamaichi Securities akut, sodass mit dem Aufbau der Financial Supervisory Agency (heute Financial Services Agency, 金融庁) reagiert wurde. Diese sollte in Zusammenarbeit mit der Bank von Japan die wichtigsten Banken intensiv überwachen. Der Financial Reconstruction Act (1998) schuf einen Rahmen, um bankrotte Finanzinstitute abzuwickeln. Der Financial Function Early Strengthening Act (1998) ermöglichte es Finanzinstitute umfassend zu rekapitalisieren.

Abb. 5.21 zeigt den Anstieg der offiziell ausgewiesenen notleidenden Kredite als Anteil am Kreditvolumen seit dem Jahr 1998, der durch die japanische Finanzkrise und die strengeren Auflagen zur Bilanzierung von notleidenden Krediten ausgelöst wurde. 2001 lag der Bestand der ausgewiesenen notleidenden Kredite bei ca. 35 Billionen Yen. Danach sind die notleidenden Kredite sowohl für die großen Banken als auch für die Regionalbanken deutlich gefallen, wobei der Anteil der notleidenden Kredite an den Gesamtkrediten für die Regional-banken und Shinkin-Banken höher als für die großen Banken blieb. Der Bestand

---

[8]Die Resolution and Collection Corporation war in Januar 1995 gegründet worden, um zwei bankrotte Kreditkooperativen (Tokyo Kyowa Credit Cooperative und Anzen Credit Cooperative) abzuwickeln.

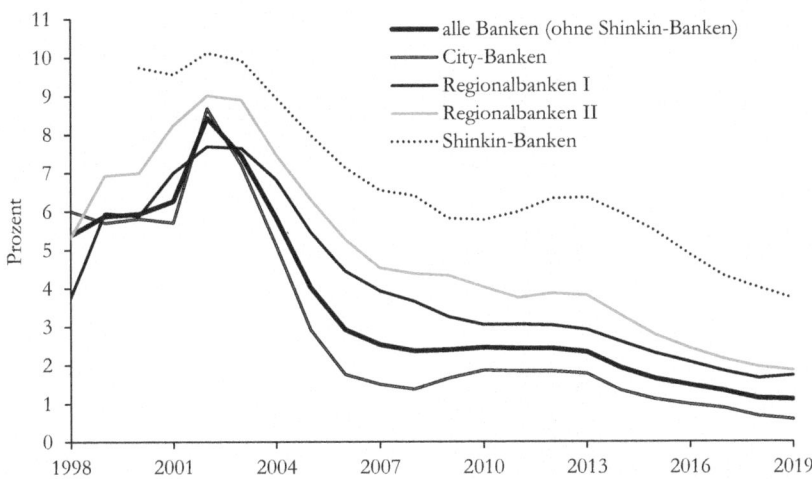

Abb. 5.21 Notleidende Kredite als Anteil an Gesamtkrediten. (Quelle: Financial Services Agency)

der notleidenden Kredite blieb auch in der Konsolidierungsphase vom Konjunkturverlauf abhängig.

Er sank während der Boom-Phase auf den internationalen Finanzmärkten in den Jahren 2003 bis 2007 deutlich ab und stieg mit der globalen Finanzkrise wieder leicht an. Die Tatsache, dass seit 2008 die notleidenden Kredite in Japan weniger stark als in den USA und Europa angestiegen sind, kann darauf zurückgeführt werden, dass Japan keine vergleichbare Krise im Inland hatte und nur indirekt über die Kreditvergabe der japanischen Banken auf den internationalen Kreditmärkten betroffen war.

In den Jahren 1998 und 1999 wurden 15 große Banken und vier Regionalbanken rekapitalisiert. Die Rekapitalisierungen waren für die City-Banken sehr viel umfangreicher als für die Regionalbanken. Die Rekapitalisierung der Großbanken war 1999 weitgehend abgeschlossen, während die Rekapitalisierungen bei den Regionalbanken sich fortsetzten (Abb. 5.22). In den Jahren 1999 bis 2001 griffen die Banken zudem auf den Verkauf von Aktien und anderen Wertpapieren zurück, um die Verluste durch Abschreibungen notleidender Kredite auszugleichen. Die City-Banken konnten so in den Jahren 1999 bis 2001 5 Billionen Yen mobilisieren. Die Regional-Banken ersten Ranges realisierten Gewinne auf den Verkauf von Aktien und anderen Wertpapieren

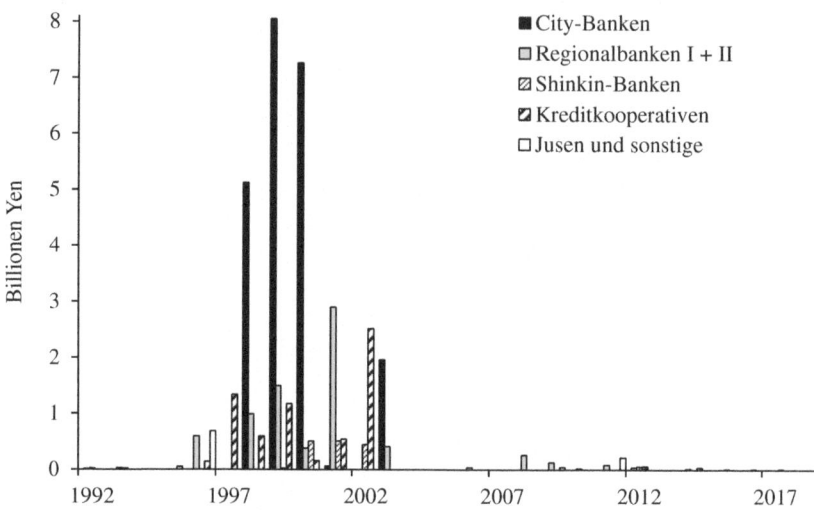

Abb. 5.22 Rekapitalisierungen japanischer Banken. (Quelle: Japan, Deposit Insurance Corporation)

in Höhe von 0,65 Billionen Yen und die Regionalbanken zweiten Ranges 0,09 Billionen Yen.

Die Rückstellungen für notleidende Kredite sind für alle Bank-Typen nach dem Richtungswechsel von Heizo Takenaka stark zurückgegangen (Abb. 5.24). Die notleidenden Kredite wurden aus den Büchern der Banken beseitigt, indem sie zunächst zu Marktpreisen an die von den Banken gegründete Cooperative Credit Purchasing Company (CCPC, 共同債権買取機構) verkauft wurden. Realisierte die CCPC bei der Verwertung der notleidenden Kredite Verluste, mussten diese von den Banken getragen werden. Daneben wurde 1999 die öffentliche Resolution and Collection Corporation als Tochter der Deposit Insurance Corporation gegründet. Im Unterschied zur CCPC wurden Verluste beim Verkauf notleidender Kredite nicht auf die Geschäftsbanken überwälzt, was diese für die Banken attraktiver machte. Die CCPC wurde 2004 aufgelöst.

2002 änderte sich die Haltung der Politik bezüglich der notleidenden Kredite der Banken. Bis dahin hatte der Staatminister für Financial Services Hakuo Yanagisawa die Geschäftsbanken gedrängt, die notleidenden Kredite in den Büchern zu behalten, aber Rückstellungen zu bilden. Im Jahr 2002 lagen die Rückstellungen aller Banken für notleidende Kredite bei 14,4 Billionen Yen (City-Banken 6,7, Regionalbanken ersten Ranges: 3,5, Regionalbanken zweiten

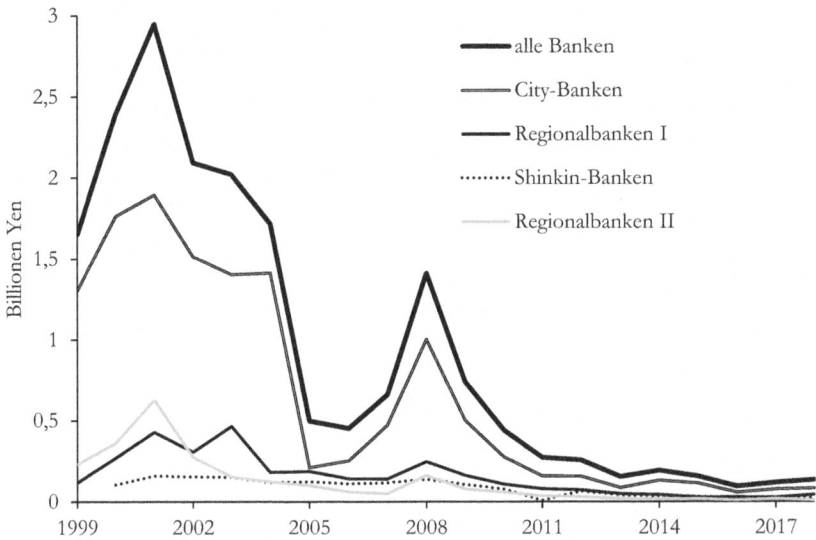

Abb. 5.23 Abschreibungen von notleidenden Krediten nach Bank-Typ. (Quelle: Japanese Bankers Association. Regionalbanken II plus Treuhandbanken, Shinsei-Bank und Aozora-Bank)

Ranges: 2,4, Shinkin-Banken: 1,9 Billionen Yen) (siehe Abb. 5.24). Ab September 2002 setzte der neue Staatsminister für Financial Services Heizo Takenaka im Rahmen des „Financial Revitalization Program" die Geschäftsbanken unter Druck, die notleidenden Kredite schnell abzubauen. Dafür wurden u. a. die Rückstellungen aufgelöst. Abb. 5.23 zeigt das Abschreibungsvolumen für notleidende Kredite der japanischen Banken, das bis zum Jahr 2004 auf hohem Niveau lag und im Verlauf der globalen Finanzkrise nochmals anstieg. Seit dem Jahr 2010 und insbesondere seit den Abenomics ist das Abschreibungsvolumen gering.

Die Abschreibungen von notleidenden Krediten führten in den Bilanzen fast aller Banken zu hohen negativen Ergebnissen beim Saldo der sonstigen betrieblichen Erträge und Aufwendungen, weil die Rückstellungen nicht ausreichten. Für alle Banken lagen die Verluste bei dieser Bilanzposition im Jahr 2001 auf dem Höhepunkt. Die Verluste konnten bis zum Jahr 2005 deutlich zurückgeführt werden und stiegen 2008 wieder an. Erst im Jahr 2013 konnten mit dem Einsetzen der Abenomics überwiegend positive Ergebnisse in dieser Bilanzposition erreicht werden (Abb. 5.10 und 5.11). Bis dahin mussten diese Verluste mit Zinsüberschüssen, Provisionsüberschüssen und dem Nettoergebnis des Handelsbestandes ausgeglichen werden.

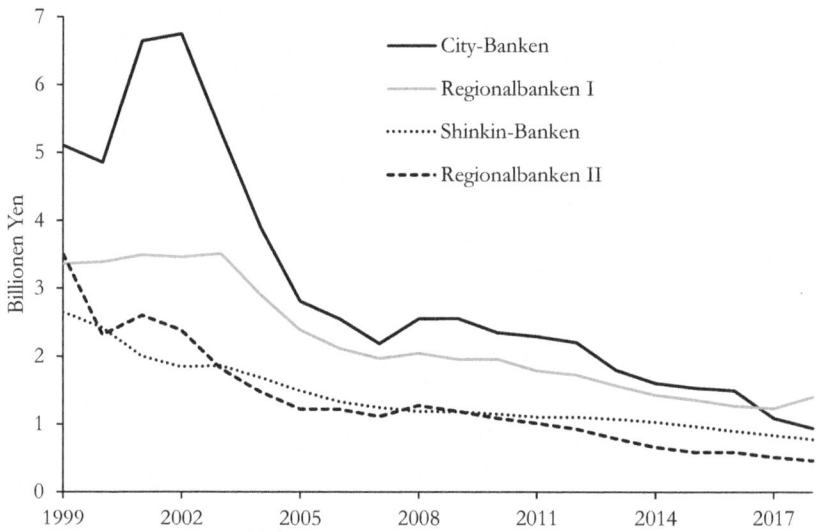

Abb. 5.24 Rückstellungen für notleidende Kredite nach Bank-Typ. (Quelle: Japanese Bankers Association. Regionalbanken II plus Treuhandbanken, Shinsei-Bank und Aozora-Bank)

Es wird spekuliert, dass der Bestand notleidender Kredite japanischer Banken immer noch deutlich höher ist als offiziell ausgewiesen (siehe z. B. Wilson 2016; Ross 2016). Der Small and Medium-sized Enterprises Financing Facilitation Act, 中小企業金融円滑化法) (SMEFFA) aus dem Jahr 2009 habe Banken einen Anreiz gegeben, Klein- und Mittelunternehmen sehr großzügige Krediterleichterungen bzw. Kreditverlängerungen zu gewähren. Die Unternehmen müssen dazu einen Business-Plan vorlegen, der eine Verbesserung der wirtschaftlichen Lage verspricht. Dadurch seien viele eigentliche notleidende Kredite in gesunde Kredite umklassifiziert worden.

Jedes Jahr würden trotz schlechter wirtschaftlicher Aussichten vieler Klein- und Mittelunternehmen ca. 90 % der vorgelegten Businesspläne akzeptiert (Ross 2016). Von 2010 bis 2015 seien die im SMEFFA-Programm geführten Kredite von 300.000 auf über 3 Mio. angestiegen. Im Oktober 2014 hätten 53 % der Kreditnehmer im SMEFFA-Programm angegeben, dass ihr wirtschaftliches Überleben von dem Programm abhängen würde. Diese Sichtweise entspricht Einschätzungen, die eine geringe Produktivität der Klein- und Mittelunternehmen auf die nachsichtige Verlängerung von notleidenden Krediten zurückführen. Viele Klein- und Mittelunternehmen sind traditionell Kunden der Regionalbanken und Shinkin-Banken.

Literatur

Borio, C. (2014). The financial cycle and macroeconomics: What have we learnt? *Journal of Banking and Finance, 45,* 182–198.

Gerstenberger, J., & Schnabl, G. (2017). *The impact of Japanese monetary policy crisis management on the Japanese banking sector.* CESifo working paper 6440.

Hosono, K., Sakai, K., & Tsuru, K. (2007). *Consolidation of banks in Japan: Causes and consequences.* NBER working paper 13399.

Montgomery, H. (2007). The effectiveness of bank recapitalization in Japan. *International Journal of Banking and Finance, 5*(1), 113–134.

Ross, S. (2016). Japan's nonperforming loans cap future growth. *Investopedia, 5*(6), 2016.

Schnabl, G., & Hoffmann, A. (2008). Monetary policy, vagabonding liquidity and bursting bubbles in new and emerging markets – An overinvestment view. *The World Economy, 31*(9), 1226–1252.

Shimizu, Y. (2000). Convoy regulation, bank management, and the financial crisis in Japan. In Ryoichi Mikitani & Adam Posen (Hrsg.), *Japan's financial crisis and its parallels to U.S. experience* (S. 57–97). Washington D.C.: Institute for International Economics.

Weistroffer, C. (2013). Ultra-low interest rates. How Japanese banks have coped. *Deutsche bank research current issues global financial markets,* 10.6.2013.

Wilson, T. (2016). Japan's regional banks to bear brunt of bank of Japan bombshell. *Reuters Business News, 29*(1), 2016.

Neue Ertragsquellen

6

Die anhaltende Stagnation Japans und die sinkenden Margen im Kreditgeschäft erforderten von den Banken eine Anpassung des Geschäftsmodells. Diese versuchten die sinkenden Einnahmen im Zinsgeschäft zunächst durch mehr Gebühren und Kommissionen zu kompensieren. Dem Gebührengeschäft für klassische Bankdienstleistungen (Gebühren für Geldabhebungen, Überweisungsgebühren, Gebühren für Daueraufträge etc.) war jedoch aufgrund der wachsenden Konkurrenz von Internetbanken und insbesondere der sogenannten „Seven Bank" Grenzen gesetzt.

Die Regionalbanken versuchen deshalb über den Verkauf von Fonds und anderen Anlageprodukten wie Versicherungen Gewinne zu generieren. Ebenso spielen das Kreditgeschäft für risikoreiche Kunden sowie das Auslandsgeschäft eine wachsende Rolle, da die Konjunktur im Ausland weiterhin besser als in Japan ist. Mit den Abenomics, die mit den sehr umfangreichen Ankäufen von Staatsanleihen die wirtschaftliche Situation der japanischen Banken nochmals deutlich verschlechtert haben, hat eine Diskussion um die Zukunft der Banken eingesetzt. Diese geht in Richtung einer Beschleunigung des Konzentrationsprozesses unter den Regionalbanken, Shinkin-Banken und Kreditkooperativen.

6.1 Verteilungseffekte der Geldpolitik definieren neue Geschäftsfelder

Die unkonventionelle Geldpolitik treibt durch die mit ihr verbundenen Verteilungseffekte (Israel und Latsos 2019) über zwei Kanäle einen Keil in die japanische Gesellschaft. Dadurch, dass die sehr expansive Geldpolitik die inländischen bzw. ausländischen Vermögenspreise nach oben treibt, werden die reichen Bevölkerungsschichten reicher (Saiki und Frost 2014). Denn diese Bevölkerungsgruppe hält Vermögenswerte im In- und Ausland.

Der zweite Kanal, über den die Geldpolitik auf die Verteilung in der japanischen Gesellschaft wirkt, sind die negativen Effekte auf die Produktivitätsgewinne, die aus der anhaltend ultra-lockeren Geldpolitik abgleitet werden können. Die Geschäftsbanken hängen am Topf der Zentralbank und verlängern Kredite an eigentlich nicht mehr lebensfähige Unternehmen, sodass ein nachhaltiger Restrukturierungsprozess in der japanischen Volkswirtschaft andauernd unterblieben ist (siehe Abschn. 4.4). Da überkommene Strukturen zementiert werden, werden die Produktionsfaktoren nicht in neue, innovative Bereiche verlagert. Das erinnert nach Schnabl (2016b) an die weichen Budgetrestriktionen (Kornai 1986), wie sie für die Unternehmen in den mittel- und osteuropäischen Planwirtschaften gegolten haben: Vom Staat bzw. der Zentralbank kontrollierte Staatsbanken vergaben subventionierte Kredite an defizitäre Unternehmen, um die Entstehung von Arbeitslosigkeit zu verhindern. Das hemmte das Wachstum und den technischen Fortschritt.

Da jedoch Produktivitätsgewinne die Voraussetzung für reale Lohnerhöhungen sind, wurde seit Platzen der japanischen Blasenökonomie der Spielraum für reale Lohnerhöhungen immer weiter eingeschränkt (Hoffmann und Schnabl 2016). Seit 1998 sinken die realen Löhne in Japan (trotz zuletzt steigender Unternehmensgewinne) um durchschnittlich ca. 0,5 % pro Jahr (siehe auch Nohara und Miller 2016; Sommer 2009). Der Rückgang des gesamtwirtschaftlichen Lohniveaus geht mit einem Anstieg der nicht-regulären Beschäftigungsverhältnisse einher, sodass das Modell der lebenslangen Beschäftigung für einen wachsenden Teil der japanischen Bevölkerung nicht mehr gilt. Waren 1990 ca. 20 % der Arbeitsverhältnisse nicht regulär[1], sind es heute knapp 40 % (総務省, Ministerium für Inneres und Kommunikation). Der Rückgang des realen Lohnniveaus wird vor allem auf vergleichsweise unqualifizierte Arbeitnehmer überwälzt, von der ein wachsender Anteil geringe Löhne und weniger sichere Beschäftigungsverhältnisse hat (Israel und Latsos 2019).

Schließlich kommt die anhaltende Nullzinspolitik einer Subvention für Unternehmen gleich, die traditionell höhere Kosten bei der Kapitalbeschaffung hatten. Da die Geldpolitik die Zinsen kontinuierlich gedrückt hat, sind die Finanzierungskosten für Unternehmen gefallen, die jedoch bei weiterhin trüben

---

[1]Als prekäre Beschäftigungsverhältnisse werden Teilzeitbeschäftigungen und zeitlich beschränkte Beschäftigungsverhältnisse definiert.

Perspektiven hinsichtlich der wirtschaftlichen Entwicklung mit Investitionen (insbesondere im Inland) zurückhaltend sind. Der Unternehmenssektor hat sich von einem Nettokreditnehmer auf dem Kapitalmarkt zu einem Nettokapitalanbieter entwickelt. Daraus lässt sich für die Banken ein Wachstum bestimmter Geschäftsfelder ableiten. Die Konzentration der Vermögen bei den Reichen (die sich möglicherweise auf die wirtschaftlichen Zentren konzentrieren) dürfte den in den wirtschaftlichen Zentren stark vertretenen City- bzw. Megabanken mehr als den Regionalbanken die Möglichkeit gegeben haben aus dem Anlagegeschäft Gewinne zu erwirtschaften. Es ist wichtig, den Kontakt zu den älteren Menschen zu halten, da diese einen Großteil der Vermögenswerte halten. Das könnte eine Motivation für die Regionalbanken ersten Ranges sein, das teure Filialnetz aufrecht zu erhalten. Da die ultra-lockere Geldpolitik der Bank von Japan auch viel Kapital ins Ausland treibt, ist es auch ein Geschäftsmodell Vermögende bei ihren Auslandsanlagen (und anderen Aktivitäten im Ausland) zu beraten.

Das Geschäftsmodell der „Private Bank" richtet sich an die reichen Kunden. Ziel ist es, das wachsende Vermögen von wohlhabenden Menschen zu verwalten und zu vermehren und dafür entsprechend Gebühren einzunehmen (Nihonkeizai Shinbun 22.05.2005). Das Geschäft umfasst den Vertrieb von Investmentfonds und anderen Anlagemöglichkeiten gegen vergleichsweise hohe Gebühren. Dabei gilt es, auf die individuellen Bedürfnisse der reichen Kunden einzugehen, die durchaus außergewöhnlich sein können. Die Bank hilft bei speziellen Wünschen der Kunden (wie z. B. der Suche nach Kunstwerken oder Luxusimmobilien). Allerdings sei dieses Geschäftsfeld in Japan noch unterentwickelt und es bestehe Konkurrenz zu ausländischen Banken.

Die Mitsui-Sumitomo Bank hat aus diesem Grund im Jahr 2014 den Privatkundenbereich der US-amerikanischen City Bank gekauft (Nihonkeizai Shinbun 26.12.2014), um in einem Tochterunternehmen das Privatkundengeschäft der City Bank fortzuführen und damit das Anlagegeschäft mit vermögenden Kunden auszuweiten. Dies sollte in einem Umfeld weiter schrumpfender Zinseinkommen im Wettbewerb mit anderen japanischen Mega-Banken die Einkünfte aus Gebühren und Kommissionen ausweiten. Über die City Bank erlangte die Mitsui-Sumitomo Bank zudem Zugang zum Auslandsgeschäft, insbesondere zu Einlagen in Fremdwährung, einem Automatenetz im Ausland sowie Investmentgeschäft im Ausland.

Das neue Geschäftsmodell der Sumitomo Mitsui Banking Corporation (SMBC) zeigt vier Pfeiler. 1) Das traditionelle Geschäft der City-Bank Mitsui Sumitomo: Einlagen, Immobilienkredite, Verkauf von Versicherungen. 2) Das Wertpapiergeschäft der SMBC Nikko Wertpapiere: Aktienhandel, Handel mit ausländischen Wertpapieren, Investmentgeschäft. 3) Das Anlagegeschäft der

SMBC Trust Bank: Vermögensanlage und -verwaltung. 4) Das Geschäft der City Bank, das an das Anlagegeschäft der SMBC Trust Bank angeschlossen wird: Einlagen in Fremdwährung, Automatenetz im Ausland sowie Investmentgeschäft im Ausland. Die kleineren Regionalbanken und Shinkin-Banken können schwer ein vergleichbares Geschäftskonzept mit ähnlichen Skaleneffekten erreichen.

Die Möglichkeit bei den einfachen Haushalten Gebühren zu erheben scheint begrenzt, weil die Lohneinkommen der normalen Haushalte stagnieren oder fallen. In diesem Kundensegment scheint hingegen das Kreditgeschäft für Menschen ohne Sicherheiten lukrativ. Viele Banken (einschließlich der Regionalbanken) bieten Konsumentenkredite ohne Sicherheiten (消費者金融/サラ金) an, die bis einem Betrag von 8.000.000 Yen (ca. 70.000 €) reichen. Potenzielle Kreditnehmer sind Menschen, die traditionell von den Banken keine Kredite erhalten, oder Menschen, die die Kredite (z. B. vor ihren Ehepartnern) verbergen wollen. Dieser Bereich des Kreditmarktes wurde traditionell von kleinen Schattenbanken bedient (z. B. Promise (プロミス)、Aiful アイフル、Acom ア コム、Takefuji 武富士). Diese hatten sich darauf spezialisiert, schnell wichtige Informationen über ihre Kunden bereit zu haben, die Auskunft über deren Kreditrückzahlungswahrscheinlichkeiten geben (z. B. Beruf, Arbeitgeber, Höhe der Steuerzahlungen, Familienverhältnisse, vergangene Kreditausfälle).

Die Megabanken und auch einige Regionalbanken haben solche Schattenbanken erworben und bieten Konsumentenkredite mit Zinsen zwischen ca. 3 % und 17 % an. Durch den Erwerb der oben genannten Schattenbanken haben die Geschäftsbanken das Knowhow erworben, die potenziellen Kreditausfälle bei auf den ersten Blick risikoreichen Kunden zu reduzieren. Die Banken werben mit anonymen Wegen der Kreditbeantragung und sehr kurzen Prüfungszeiten. Das sind z. B. max. 30 min bei 500.000 Yen (ca. 4237 €), max. 60 min bei 1.000.000 Yen (ca. 8474 €), max. 3 h bei 3.000.000 Yen (ca. 25.423 €) sowie am gleichen Tag bei über 5.000.000 Yen (ca. 42.372 €). Meist werden keine Gehaltsnachweise verlangt. Die Auszahlung der Kredite erfolgt innerhalb einer Stunde nach positiver Prüfung (bei unter 500.000 Yen) bzw. innerhalb einer Woche (bei über 5.000.000 Yen). Die Rückzahlung erfolgt per Überweisung oder Einzahlung am Geldautomaten.

Die große Beliebtheit dieser Konsumentenkredite hat dazu beigetragen, einem Rückgang der Zinseinkünfte entgegenzuwirken. Uranaka (2016) berichtet, dass die japanischen Regionalbanken ihre Finanzierungen für Autos und Ferien aggressiv ausgeweitet haben. Die Kredite haben normalerweise eine Höhe von einer Million Yen (8474 €) mit Zinsen von bis zu 15 %. Der Druck in einem Markt mit zu vielen Banken die Gewinne zu erhöhen sei für die kleinen

Regionalbanken sehr viel größer als für die global agierenden Mega-Banken. Die Yokohama Bank, Japans zweitgrößte Regionalbank, habe das Volumen der ausstehenden Kleinkredite innerhalb eines Jahres um 39 % auf 59,4 Mrd. Yen (512 Mio. EUR) ausgeweitet. Ein Vertreter der Yokohama Bank äußerte, dass dies die einzige verbleibende lukrative Gewinnmöglichkeit sei. Allerdings sei der Anteil dieser Kredite an den Gesamtkrediten gering (ca. 1,2 %). Die Regionalbanken seien zunächst wegen des negativen Beigeschmacks dieser Kreditkategorie skeptisch gewesen, doch nun würden viele ein ähnliches Geschäftsmodell verfolgen.

6.2 Gebühren und Kommissionen

Der Bilanzposten „Gebühren und Kommissionen" in den aggregierten Bankbilanzen der Japanese Bankers Association erlaubt es nicht, zwischen Gebühren aus Bankdienstleistungen (z. B. Kontoführungsgebühren, Überweisungsgebühren, Gebühren für Transkationen an Geldautomaten etc.) sowie Gebühren aus dem Verkauf von Wertpapieren und Fonds zu unterscheiden. Deshalb lässt sich ein Bild der Anhebung der Gebühren für Bankdienstleistungen nur bedingt zeichnen. Bereits in den 1990er Jahren wurden Geldautomaten für Abhebungen (und Einzahlungen) an Samstagen und Sonntagen gebührenpflichtig. Die Wirtschaftszeitung Nihon Kinyu Shinbun (24.08.1994) berichtete bereits 1994 von der Einführung und Erhöhung von Gebühren bei Shinkin-Banken, Regionalbanken und City-Banken. Diese wurden mit im Vergleich zu den USA schwachen Einnahmen aus dem Zinsgeschäft begründet. Der Widerstand von Kunden, Finanzministerium und Bank von Japan gegen die höheren Gebühren sei gering gewesen. Allerdings müsse den Kunden das Gefühl vermittelt werden, dass mit zusätzlichen Gebühren zusätzlicher Service verbunden sei.

Ein Artikel in der Nihonkeizai Shinbun (31.01.2003) diskutierte die Anhebung der Gebühren durch die Yamanashichuo Regionalbank (山梨中央銀行) im Februar 2003 unter dem Titel „Am Schalter werden die Überweisungsgebühren angehoben" (31.01.2003). Die Gebührenerhöhungen umfassten Überweisungen am Schalter sowie für die Verwaltung von Wertpapieren. Der Grund: Die Bank leide unter einer schwachen Nachfrage nach Finanzierungen als dem eigentlichen Kerngeschäft. Die Bank wolle durch ein stärkeres Gewicht auf das Gebührengeschäft eine stabile Einkommensquelle schaffen. Innerhalb von zwei Jahren sollten die Einnahmen aus dem Gebührengeschäft um 13 % auf 6 Mrd. Yen (51 Mio. € bei 118 Yen/Euro) steigen. Die Überweisungsgebühren seien zum ersten Mal seit 13 Jahren gestiegen. Tab. 6.1 gibt einen Überblick

Tab. 6.1   Gebühren der Yamanashichuo Bank ab 03.02.2003

	Gleiche Filiale	Andere Filiale	Andere Bank
Schaltergeschäft	105/315	315 (210)/525 (420)	630 (525)/840 (735)
ATM	105/210	105/315	420/630
Onlinebanking	0/0	105/210 (315)	315 (420)/525 (630)

(unter 30.000 Yen/über 30.000 Yen, ehemalige Gebühr in Klammern) (118 Yen = 1 €)

Quelle: Nihonkeizai Shinbun (31.01.2003)

über die Gebühren der Yamanashichuo Bank zu diesem Zeitpunkt. Nur das Online-Banking ist für Transaktionen innerhalb der eigenen Filiale kostenlos.

Die Gebührenübersicht der Oita-Bank, die auf dem Netz verfügbar ist, ist umfassend (https://www.oitabank.co.jp/interestrate-fee/tesuuryou/). Sie differenziert Gebühren für die Benutzung von Geldautomaten zwischen 0 Yen (wenn am Geldautomat innerhalb der eigenen Filiale überwiesen wird) bis zu 880 Yen (wenn die Überweisung am Schalter erfolgt und an eine andere Bank geht). Die Überweisungsgebühren werden danach differenziert, ob die Überweisungen innerhalb der eigenen Filiale erfolgen (am billigsten), innerhalb der Bank erfolgen, aber an eine andere Filiale gehen oder zu einer anderen Bank gehen (am teuersten). Zudem wird unterschieden, ob die Überweisung am Schalter erfolgt (teuer) oder am Geldautomaten mit Karte, mit Bargeld oder im Internet. Überweisungsbeträge unter 30.000 Yen sind billiger als Beträge über 30.000 Yen.

Es werden Gebühren für die einzelnen Transaktionen von Daueraufträgen erhoben. Elektronische Überweisungen sind nur gratis, wenn sie innerhalb der eigenen Filiale erfolgen. Sonst sind Beträge zwischen 110 Yen und 680 Yen fällig. Immer wenn die Bank schriftlich tätig wird, z. B. in Form von Kontoauszügen, Bestätigungen, Scheckaus- und -einreichungen, werden gesonderte Gebühren berechnet. In der Financial Services Agency schätzt man, dass der durchschnittliche Japaner bei Regionalbanken ca. 5000 Yen pro Monat Gebühren an die Bank zahlt. Der Anteil der für Geldabhebungen am Automaten entrichteten Gebühren sei vergleichsweise gering, weil in diesem Bereich die Konkurrenz vergleichsweise hoch sei.

Die Oita Bank, die in der Hauptstadt Oita der Präfektur Oita auf der Südinsel Kyushu ihren Sitz hat, spricht mit einem auffällig bunten, von Comic-Figuren geprägten Auftritt ihre Kunden an. Hauptcharakter ist eine Hasenfigur namens „My Melody", die gerne im Dienstmädchenkostüm sowohl um Privatkunden als auch um Geschäftskunden wirbt. Es werden Geschenke von alltäglichen Gebrauchsartikeln angeboten, um privaten Kunden Konten, Kredite und Sparverträge zu verkaufen.

6.3   Konkurrenz durch neue Wettbewerber

Die japanischen Banken erhalten Konkurrenz von Wettbewerbern außerhalb des Bankensektors, die günstigere Finanzdienstleistungen anbieten. Die Seven Bank (セブン銀行) ist ein Tochterunternehmen der Handelskette Ito-Yokado der Seven & i Holdings, die in Japan unter dem Label 7-Eleven knapp 21.000 (und weltweit über 70.207 Filialen) Kleinsupermärkte betreibt. Diese Supermärkte sind 365 Tage im Jahr 24 h geöffnet und haben ihr Sortiment stark auf die Lebensweise der Japaner ausgerichtet, die von relativ wenig Platz zu Hause und Essen in kleinen Portionen geprägt ist. Die 7-Eleven-Filialen führen zahlreiche Snacks, Fertiggerichte und Getränke in Dosen, Bechern und kleinen Flaschen. Hinzu kommen Zeitschriften, die in den Filialen stehend gelesen werden können, sowie Büro-Dienstleistungen wie Kopieren und Faxen. Zahlreiche Filialen haben seit einigen Jahren Geldautomaten, die die Kunden in die Filialen locken.

Im Gegensatz zu den nur lokal vertretenen Regionalbanken kann die Seven Bank ein sehr dichtes Automatennetz bieten, das nicht nur Japan (mehr als 25.000 Geldautomaten) abdeckt, sondern auch die USA, Indonesien, Kanada und die Philippinen. Der Blick auf die Bilanz der Seven Bank zeigt den großen Vorteil. Die Seven Bank muss nicht wie die Regional- und City-Banken ein teures Filialnetz aufrechterhalten. Damit sind sowohl die Personalkosten als auch die anderen Verwaltungskosten sehr gering, was teilweise an die Kunden in Form von geringen Gebühren weitergegeben werden kann.

Die Seven Bank zwingt die nur regional vertretenen und untereinander nicht vernetzten Regionalbanken dazu, die Automaten der Seven Bank zu nutzen. Die Regionalbanken können so teilweise der Konkurrenz der Seven Bank begegnen, indem sie ihren Kunden nun auch (mithilfe der Seven Bank) ein landesweites Automatennetz bieten. Die Kunden der Regionalbanken zahlen dafür Gebühren an die jeweilige Regionalbank, die einen Teil davon an die Seven Bank abgibt. Die Seven Bank weist eine sehr große Anzahl an Regionalbanken als Partner beim Geschäft mit Geldautomaten aus. In der Osaka-Ausgabe der Nihonkeizai Shinbun (10.09.2016) wurde berichtet, dass die Shinsei Bank ihre eigenen Geldautomaten von der Seven Bank betreiben lässt, weil sie sich davon Kostenvorteile verspricht.

Das schlanke Geschäftsmodell der Seven Bank zeigt sich an der Gewinn- und Verlustrechnung. Im Jahr 2019 wurden Erträge in Höhe von 112 Mrd. Yen erwirtschaftet, von denen 108 Mrd. Yen Nutzungsgebühren für Geldautomaten waren. Diesen Erträgen standen Kosten in Höhe von 76 Mrd. Yen entgegen, woraus sich ein Gewinn (vor Steuern) in Höhe von 36 Mrd. Yen ergibt. Die Seven Bank wirbt damit, dass sie sich an den Bedürfnissen und Problemen der Gesellschaft ausrichtet (セブン銀行は社会のニーズや課題に向き合い続けます).

Die Seven Bank wirbt mit einfacher Kontoeröffnung. Sie bietet gebührenfreien Gebrauch der Geldautomaten an allen Wochentagen (von 7 bis 19 Uhr, sonst 110 Yen) und unkomplizierte Kreditvergabe, selbst an Menschen, die nur eine Teilzeitbeschäftigung haben. Auf Teilbeträge von Festgeldkonten kann unkompliziert zugegriffen werden. Die Überweisungsgebühren liegen bei 55 Yen (innerhalb der Seven Bank), 220 Yen (an eine andere Bank) und sind damit deutlich niedriger als bei vielen anderen Banken. Zudem verspricht die Seven Bank unkomplizierte Überweisungen ins Ausland. Die Seven Bank spricht damit insbesondere junge Kunden und die in Japan zunehmende Anzahl von ausländischen Arbeitnehmern an.

6.4   Auslandsgeschäft

Japan ist seit Beginn der 1980er Jahre ein Nettokapitalexporteur. Die Nettokapitalexporte Japans finanzieren (ähnlich wie in Deutschland) den Leistungsbilanzüberschuss von Japan. Dies hat über die Zeit hinweg zu einem stetigen Anstieg des Nettoauslandsvermögens des Landes geführt. Während in den 1980er Jahren ein beträchtlicher Anteil dieser Auslandsanlagen aufgrund umfassender Devisenmarktinterventionen (siehe Danne und Schnabl 2008) von der Bank von Japan bzw. dem Finanzministerium gehalten wurde, hat das Finanzministerium seit 2005 nicht mehr in den Devisenmärkten interveniert. Stattdessen hat die Bank von Japan über Zinssenkungen und unkonventionelle Geldpolitik den Anreiz erhöht, Vermögen im Ausland zu halten. Ein wachsender Anteil am Nettoauslandsvermögen wird deshalb von Unternehmen sowie von Banken und Versicherungen gehalten (siehe Abb. 6.1). Daraus lässt sich ein permanentes Aufwertungspotenzial ableiten (Goyal und McKinnon 2003): Denn würden die hohen Nettoauslandsvermögen repatriiert, dann würde der Yen stark aufwerten. Dies würde sowohl den Export als wichtige Stütze des Wachstums als auch den Finanzsektor schädigen.

Da die Weltkapitalmärkte vom US-Dollar dominiert werden, ist ein Großteil des japanischen Auslandvermögens in Dollar angelegt, woraus sich ein

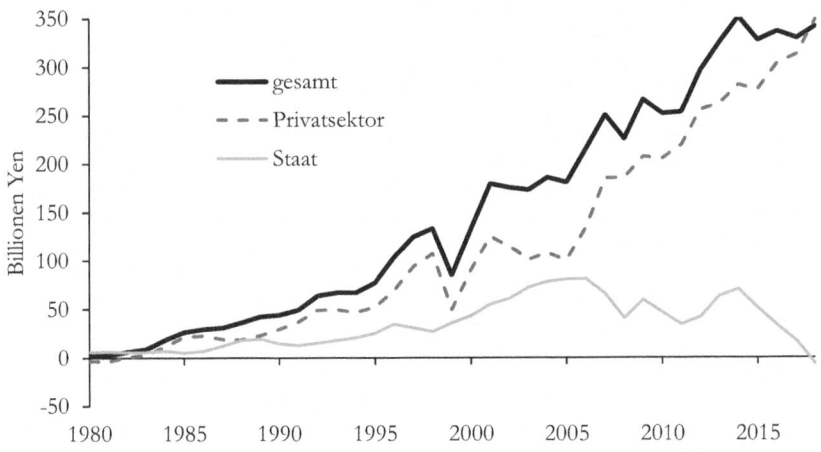

Abb. 6.1 Japans Nettoauslandsvermöge. (Quelle: IWF)

gesamtwirtschaftliches Währungsrisiko ergibt (McKinnon und Schnabl 2004). Aufgrund des asymmetrischen Weltwährungssystems (Dominanz des Dollars) kann davon ausgegangen werden, dass aus aggregierter Sicht das Währungsrisiko der japanischen Auslandsvermögen nicht abgesichert ist. Wertet der Yen gegenüber dem Dollar auf, fällt der Wert des Nettoauslandsvermögens gerechnet in Yen. Dies kann bei starken Aufwertungen den japanischen Banken und Lebensversicherungen in den Bilanzen deutliche Verluste bescheren. Eine Aufwertung des Yen ist damit mit Finanzmarktinstabilität verbunden.

Mit den Abenomics hat sich der Anreiz nochmals verstärkt, Kapital ins Ausland zu exportieren. Da die Zinsmarge bei der Kreditvergabe weiter gedrückt wurde und den Banken Staatsanleihen als alternative Einnahmequelle unattraktiv gemacht wurden, haben sich die Auslandsinvestitionen japanischer Banken deutlich beschleunigt (Financial Services Agency 2016a). Aus Sicht der Regierung konnte über die wachsenden Auslandsinvestitionen der Banken bis 2016 eine deutliche Abwertung des Yen erreicht werden, die den Exportunternehmen kräftige Windfall-Profite beschert hat. Das hat positiv auf den Aktienwert der japanischen Exportunternehmen gewirkt.

Einerseits ist Kapital von Japan in die USA geflossen, wo die Erträge auf US-amerikanische Wertpapiere höher waren. Andererseits haben die japanischen Banken – insbesondere die Mega-Banken und Lebensversicherungen, aber auch die Regionalbanken – ihre direkte Kreditvergabe nach Südostasien deutlich

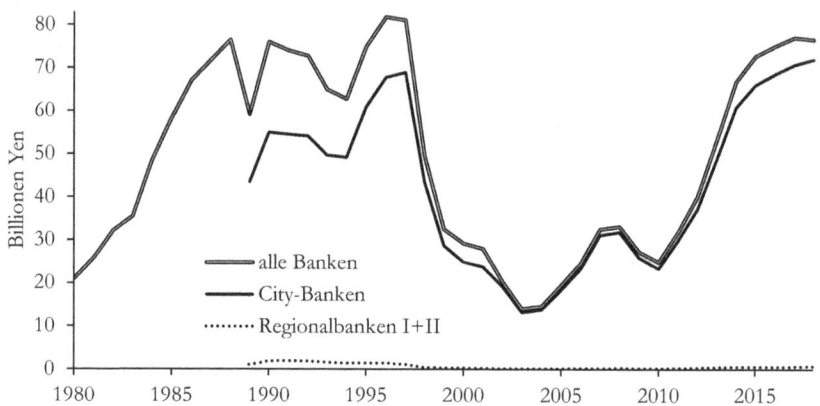

Abb. 6.2 Forderungen japanischer Banken an das Ausland. (Quelle: Bank von Japan)

ausgeweitet. Die Kreditvergabe nach Indien, Indonesien, Südkorea, Malaysia, Philippinen, Singapur Thailand, Taiwan, Vietnam und auch Australien ist stark angestiegen. Oft erfolgt die Kreditvergabe über von japanischen Banken kontrollierte lokale Tochterbanken. Sie unterstützen damit auch die Geschäftstätigkeit von japanischen Klein- und Mittelunternehmen in der Region. Abb. 6.2 zeigt den deutlichen Anstieg der Kreditvergabe ins Ausland seit dem Einsetzen der Abenomics.

Allerdings wird berichtet, dass die japanischen Banken Schwierigkeiten hatten, sich zu günstigen Konditionen Dollar zu beschaffen (McCauley 2016). In den Währungsmärkten wurde auf die zunehmende Dollarnachfrage japanischer Banken mit höheren Preisaufschlägen reagiert. Dies gilt insbesondere für die Regionalbanken, die im Vergleich zu den Megabanken Dollar in kleineren Mengen nachfragen. Die japanischen Banken waren nicht in der Lage die höheren Finanzierungskosten für Dollar an die Kreditnehmer in Südostasien weiterzugeben. Das Volumen der ins Ausland vergebenen Yen-Kredite ist zwar angestiegen, aber vergleichsweise gering geblieben.

Die Situation erinnert an die 1990er Jahre. Damals hatten die Zinssenkungen der Bank von Japan in Reaktion auf das Platzen der japanischen Blasenökonomie die Kreditvergabe japanischer Banken nach Südostasien begünstigt, wo hohe Renditen erwirtschaftet werden konnten. In vielen Fällen wurden auch japanische Direktinvestitionen in der Region finanziert. Dies begünstigte Spekulation in den dortigen Aktien- und Immobilienmärkten, die mit der Asienkrise (1997/1998) endete. Die Asienkrise zog aufgrund der hohen Verluste japanischer Banken und Unternehmen in der Region die japanische Finanzmarktkrise nach sich (Starbatty und Schnabl 1998). Neue Verluste könnten durch die jüngste weltweite Corona-Krise entstehen.

Literatur

Danne, C., & Schnabl, G. (2008). A role model for China? Exchange rate flexibility and monetary policy making in Japan. *China Economic Review, 19*(2), 183–196.

Financial Services Agency (金融庁). (2016a). Finanzreport (金融レポート), Tokyo.

Goyal, R., & McKinnon, R. (2003). Japan's negative risk premium in interest rates: The liquidity trap and the fall in bank lending. *The World Economy, 26,* 339–363.

Hoffmann, A., & Schnabl, G. (2016). The adverse effects of unconventional monetary policy. *Cato Journal, 36*(3), 449–484.

Israel, K.-F., & Latsos, S. (2019). *The impact of (un)conventional expansionary monetary policy on income inequality – Lessons from Japan.* University of Leipzig, Faculty of Economics and Management Science, Working paper 163.

Kornai, J. (1986). The soft budget constraint. *Kyklos, 39*(1), 3–30.

McCauley, R. (2016). *Effects of low or negative policy rates on asian financial markets.* Presentation auf der ADBI Jahreskonferenz vom 01.12.2016.

McKinnon, R., & Schnabl, G. (2004). The return to soft dollar pegging in East Asia? Mitigating conflicted virtue. *International Finance, 7*(2), 169–201.

Nohara, Y., & Miller, B. (28. Sept. 2016). Japan's wages too low and corporate cash hoard too high: IMF. *Bloomberg.*

Nihonkeizai Shinbun (日本経済新聞) (22.0.2005). プライベートバンク (Private Bank).

Nihonkeizai Shinbun Chihokeizaimen (日本経済新聞地方経済面) (31.01.2003). 山梨中央銀行窓・窓口での振込料値上げ (Yamanashi Chuo Bank: Am Schalter werden die Überweisungsgebühren angehoben).

Nihonkeizai Shinbun Chokan (日本経済新聞朝刊) (26.12.2014). 三井住友銀、富裕層に照準 (Die Mitsui-Sumitomo Bank zielt auf die reichen Kunden).

Saiki, A., & Frost, J. (2014). How does unconventional monetary policy affect inequality? Evidence from Japan. *Applied Economics, 46*(36), 4445–4454.

Schnabl, G. (2016). Exchange rate rate regime, financial market bubbles and long-term growth in China: Lessons from Japan. *China & World Economy, 25*(1), 32–57.

Sommer, M. (2009). *Why are Japanese wages so sluggish?* IMF Working paper 09/97.

Starbatty, J., & Schnabl, G. (1998). Im Strudel der japanischen Krise: Die Weltkonjunktur ist bedroht. Die Strukturprobleme Japans werden mit einem nachfragepolitischen Kraftakt zementiert. *Frankfurter Allgemeine Zeitung,* S. 13.

Uranaka, T. (11. März 2016). Negative rates, fat margins: Japan regional banks ramp up car, holiday loans. *Reuters Business News.*

Perspektiven für die japanischen Regionalbanken und Shinkin-Banken

7

Die japanischen City-Banken haben sich durch die Bildung großer Konglomerate breit aufgestellt und ihre Marktmacht deutlich erhöht. Die japanischen Regional-banken, Shinkin-Banken und Kreditkooperativen werden von vielen Seiten bedrängt (Uranaka 2016; Wilson 2016). Erstens drückt die unkonventionelle Geldpolitik im Zuge der Abenomics noch stärker die Margen im Kreditgeschäft. Zweitens zwingt die Bank von Japan Geschäftsbanken zur Abgabe ihrer Staats-anleihen. Sie verlieren damit eine Einnahmequelle, die lange als Ersatz für das schrumpfende Kreditgeschäft diente.

Drittens kommt Druck vom Internetbanking und alternativen Bankdienst-leistungen wie der Seven Bank, die neu in den Markt drängen. Viertens hatte bis zum Jahr 2003 die Regulierung dahin gewirkt, dass sich die Kreditvergabe der City-Banken weitgehend an Großunternehmen richtete. Seither hat die Deregulierung dazu beigetragen, dass die großen City-Banken in den Kredit-markt für Klein- und Mittelunternehmen drängen, auch beschleunigt durch Fusionen und Übernahmen. Die großen Mega-Banken haben kleinere Regional-und Shinkin-Banken übernommen, um Zugang zu den lokalen Kreditmärkten zu erhalten.

Fünftens haben die Regionalbanken einen deutlichen Wettbewerbsnach-teil bei Investitionen im Ausland, weil sie kleiner und weniger erfahren als die Mega-Banken sind. Sechstens verfügen die Regionalbanken (im Gegensatz zu den Shinkin-Banken) nicht über eine gemeinsame Dachorganisation, die es erlaubt gemeinsam ein Investmentgeschäft im In- und Ausland zu betreiben. Das macht, siebtens, das Auslandsgeschäft u. a. bei der Beschaffung von Devisen (Dollar) teuer. Achtens scheint bei den Regionalbanken eine beträchtliche Menge an (potenziell) notleidenden Krediten versteckt zu sein. Neuntens schrumpft in der japanischen Peripherie die Bevölkerung sehr viel schneller als in den wirtschaftlichen Zentren: Da die wirtschaftlichen Perspektiven in den wirtschaftlichen Zentren besser sind, wandern die jungen Menschen von der Peripherie insbesondere nach Tokio ab.

Die Geldpolitik trägt zu dieser regionalen Bevölkerungsentwicklung bei, weil sie sowohl bei den Banken als auch bei den Unternehmen zu einem Konzentrationsprozess führt. Wachsen die großen Unternehmen in Japan auf Kosten der kleinen und mittleren Unternehmen, dann verstärkt dies auch die regionale Ungleichheit, da sich in Japan mehr als in Deutschland die großen Unternehmen auf die wirtschaftlichen Zentren konzentrieren (siehe Kap. 4). Die japanischen Regionalbanken verlieren bei einer negativen Bevölkerungsentwicklung zusätzlich Unternehmenskunden, weil einige Unternehmer keinen Nachfolger mehr finden.

7.1   Fallstudie der Financial Services Agency

Eine Fallstudie über die Ertragslage der Regionalbanken der Financial Services Agency (2016c) stellt fest, dass durch den steigenden Wettbewerb im Kreditgeschäft weiter Druck auf die Zinsmargen bestehe. In diesem Umfeld könnte das regional ausgerichtete Geschäftsmodell der Regionalbanken nicht mehr tragfähig sein. Um ein tragfähiges zukünftiges Geschäftsmodell zu entwickeln, wird die Ertragsstruktur der Regionalbanken untersucht. Die Studie zeigt, dass die Regionalbanken, die beim Firmenkundengeschäft überdurchschnittliche Margen hatten, folgende Charakteristika bei der Kreditvergabe hatten: 1) Die ausstehenden Kredite an Klein- und Mittelunternehmen waren vergleichsweise hoch. 2) Klein- und Mittelunternehmen waren oft die wichtigsten Kreditnehmer. 3) Unternehmen mit unsicherer Geschäftslage waren Kreditnehmer. 4) Es gab viele kurzfristige Kredite. Ein Index aus dem Anteil der ausstehenden Kredite an Klein- und Mittelunternehmen, dem Anteil der Klein- und Mittelunternehmen als wichtigste Kreditnehmer sowie der Geschäftslage der Kreditnehmer zeigt eine positive Korrelation mit den Margen der Banken.

Die Regionalbanken, die beim Firmenkundengeschäft unterdurchschnittliche Margen hatten, hatten im Vergleich zum Durchschnitt der 106 Regionalbanken folgende Charakteristika bei der Kreditvergabe: 1) Ein hoher Anteil von Großkunden am Kreditgeschäft. 2) Viele Kredite an Großunternehmen und öffentliche Körperschaften. 3) Ein hohes Wachstum der Kredite an Neukunden. 4) Es wurde oft von der Japan Federation of Guarantee Corporations (用保証協会) Gebrauch gemacht. Ein Index aus dem Anteil der Großkunden, Großunternehmen, Neukunden und der über die Japan Federation of Guarantee

Corporations laufenden Geschäfte ist negativ mit den Margen dieser Regionalbanken korreliert.

Aus den gesammelten Daten (arithmetische Durchschnitte für 12 Regional-
banken) werden folgende Kernpunkte der Ertragsstruktur abgeleitet: 1) Die
Kreditverträge und Wertpapiergeschäfte, die in der Vergangenheit zu hohen
Zinsen abgeschlossen wurden, tragen zu positiven Zinseinkommen bei. 2) Die
Einnahmen aus Gebühren sind bei dem Privatkundengeschäft am höchsten. Einen
wichtigen Beitrag leistet der Verkauf von verschiedenen Finanzprodukten. 3) Die
Gewinn- und Verlustrechnung nach Marktbereichen ist sowohl im Bereich der
Firmenkunden als auch im Privatkundengeschäft als auch im Marktgeschäft im
Minus. 4) In keinem der Bereiche werden die laufenden Kosten gedeckt.

7.2   Fusionen

Die Nihonkeizai Shinbun (15.11.2009) berichtete über die Veränderungen,
die im japanischen Bankensektor seit dem Platzen der Blase stattgefunden
haben. Es wurde zunächst der Konzentrationsprozess beschrieben, der unter
den City-Banken und Trust-Banken stattgefunden hat und diese zu sehr großen
Finanzkonglomeraten gemacht hat. Diese haben sich zum Ziel gesetzt, wie große
Finanzkonglomerate in den USA und Europa Skaleneffekte zu realisieren und
global zu agieren. Eine Übersicht zeigt, dass in alle Finanzkonglomerate Invest-
mentbanken integriert wurden, was das Investmentgeschäft gestärkt hat. Die
deutlichen Kostensenkungen bei Personal und anderen Verwaltungskosten seien
jedoch nicht bei den Kunden angekommen, da die Verzinsungen der Spareinlagen
gefallen und die Gebühren gestiegen seien.

Zudem sei das Filialnetz kleiner geworden und es gebe keine großen Unter-
schiede zwischen den Produktpaletten. Zudem gebe es Beschwerden über Fehl-
verhalten der Banken sowie Bedenken, dass diese zu groß sein, um effizient
gemanagt zu werden. Dennoch stünden weitere Veränderungen bevor, da
Fusionen zwischen den Megabanken und Wertpapierhäusern bevorstünden. Dies
verschärfe das Wettbewerbsumfeld für die Regionalbanken. Fukao (2007) mahnt
an, dass die Regionalbanken effizienter werden müssten. Bei den großen Banken
bestehe hingegen das Problem, dass sie „too big too fail" seien.

Die Yamaguchi Regionalbank hat auf regionaler Ebene in Nord-Kyushu und
an der Westspitze von Honshu ein ähnliches (regionales) Finanzkonglomerat wie
die Mega-Banken geschaffen, die Yamaguchi Financial Group. Diese umfasst
drei Regionalbanken (Yamaguchi Bank, Kitakyushu Bank, Momiji Bank) sowie

unterschiedliche Nichtbanken wie Leasing-Unternehmen, Wertpapierunternehmen und Consulting-Unternehmen.[1]

Der Wirtschaftsprofessor Yoshino (2016) argumentiert, dass die City-Banken den Regionalbanken in der Neuausrichtung ihres Geschäftsmodells voraus seien. Sowohl bei den City-Banken als auch bei Shinkin-Banken und den Kreditkooperativen sei der Konzentrationsprozess schneller vorangeschritten als bei den Regionalbanken. Die Regionalbanken seien ineffizient, was sich in höheren Kosten äußere. Die durch den Bevölkerungsrückgang immer weiter sinkende Kreditnachfrage erodiere die Gewinne der Regionalbanken. Wenn dieser Trend andauere, dann könne dies zu weiteren Insolvenzen von Regionalbanken führen. Um dies zu vermeiden, müssten die Regionalbanken die potenzielle Kreditnachfrage in den Regionen voll ausschöpfen und ihre Kostenstruktur effizienter machen. Yoshino (2016) sieht neues Geschäftspotenzial beim Tourismus und im Agrarsektor (Bioprodukte) sowie bei der Unternehmensberatung. Letztere sei jedoch sehr kostenintensiv.

Um die Kosten zu reduzieren, sollen nach Yoshino (2016) die Regionalbanken ihr Filialnetz und Personalmanagement durch Informationstechnologie effizienter gestalten. Vor allem würde die Fusion von Regionalbanken zu effizienteren Kostenstrukturen beitragen. Obwohl durch Konzentration im Bankensektor die Zinsen steigen könnten, zeigten empirische Studien, dass dies nicht zu erwarten sei. Der Grund sei, dass Wettbewerb über die Präfekturgrenzen hinweg entstehen könne. Daher sollte die Monopolaufsicht die Fusion der Regionalbanken nicht behindern. Moriyasu (2016) geht davon aus, dass sich aufgrund der sich aus den Abenomics und der Bevölkerungsentwicklung ergebenden sehr widrigen Geschäftsbedingungen für die Regionalbanken deren Anzahl bis 2025 von derzeit 104 auf ca. 50 halbiert haben wird.

7.3   Neue Geschäftsfelder

Die führende Wirtschaftszeitung Nihonkeizai Shinbun (22.05.2005) berichtete über „Private Bank" als neues hoffnungsvolles alternatives Geschäftsmodell. Allerdings dürften aus Sicht der Regionalbanken vergleichsweise wenige reiche Menschen außerhalb der wirtschaftlichen Zentren leben. Zudem fallen tendenziell

---

[1]Siehe https://www.ymfg.co.jp.

die Immobilienpreise an der Peripherie, während sie in den wirtschaftlichen Zentren (insbesondere Tokio) wieder steigen.

Die Nihonkeizai Shinbun (31.01.2003) berichtete, dass die Yamanashi Chuo Bank gegen Gebühren ab Februar 2003 erstmals Versicherungen für Auslandsreisen (nur online) anbietet und Staatsanleihen an Privatpersonen verkauft. Die Palette der verkauften Finanzprodukte wurde dadurch ausgeweitet. Ebenso sollte der Verkauf von Investmentfonds und Lebensversicherungen wachsen. Die Bank wollte die Gebühren aus dem Verkauf von Finanzprodukten in ihrer Funktion als Verkaufsagentur innerhalb von zwei Jahren um 200 Mio. Yen (1,76 Mio. EUR) erhöhen. Zudem strebte die Bank an, im nächsten Jahr die vergleichsweise geringen Verwaltungsgebühren für die Finanztransaktionen der öffentlichen Gebietskörperschaften zu erhöhen. Ebenso sind bei der Oita Bank hohe und steigende Gebühren zu beobachten (siehe Abschn. 6.2).

Die Nihon Kinyu Shinbun (25.01.2007) ließ zwei Fachleute diskutieren, wie die Banken ihre Gebühreneinnahmen erhöhen können. Der Analyst Nozaki von Nikko-City-Group-Wertpapiere argumentierte, dass der Schlüssel für höhere Einnahmen der Banken höhere Gebühren seien. Da die Unternehmen ihre Finanzierung zunehmend auf die Kapitalmärkte ausrichteten, müsste sich das Geschäftsmodell der Banken mehr auf die Gebühren konzentrieren. Die großen japanischen Banken würden sich bereits an Fusionen und Übernahmen (M&A) sowie an Konsortialkrediten beteiligen. Auch die Verbriefung von Immobilienkrediten und deren Verkauf an institutionelle Anleger sei ein Geschäftsmodell. Zudem müssten mit dem Privatkundengeschäft größere Erträge erzielt werden, indem die Kunden individuell beraten würden. Bei den großen japanischen Banken liege der Anteil der Gebühreneinnahmen an den Verwaltungskosten bei ca. 20 % und damit deutlich niedriger als bei den besten europäischen und amerikanischen Banken. Dies gelte es aufzuholen.

Fukao (2007) empfahl, dass die japanischen Regionalbanken ihre Ertragsstruktur neu ausrichten. Das Grundproblem sei der immer weiter fortschreitende Rückgang der Zinsmargen sowie die sinkende Nachfrage nach Lebensversicherungen. Das Problem würde durch die geplante Privatisierung der Postbank verschärft, die in das Kreditgeschäft dränge. Die Personalkosten und anderen Verwaltungsaufwendungen seien bei den Regionalbanken viel höher als bei den City-Banken, weshalb sich die Regionalbanken nicht so schnell wie die City-Banken von der Krise erholt hätten. Die Regionalbanken müssten fusionieren, um effizienter zu werden. Zudem müsse das Gebührengeschäft besser entwickelt werden. Die City-Banken würden in großem Umfang am Schalter Investmentfonds verkaufen, was ihre Ertragskraft im Vergleich zu den Regionalbanken deutlich gestärkt habe. Deshalb sei es sehr wichtig für die Regionalbanken das

Gebührengeschäft zu stärken. Dafür sei es aber eine Voraussetzung, dass durch eine überzeugende Beratung das Vertrauen der Kunden gestärkt werde, indem die Berater in der Lage seien, den Standpunkt der Kunden einzunehmen.

7.4   Beratung von Klein- und Mittelunternehmen

Die Geldpolitik der Bank von Japan subventioniert durch niedrige Zinsen die Unternehmen, die bei stagnierenden Investitionen zunehmend über hohe Bargeldbestände verfügen. Ishikawa et al. (2013) beschreiben in einem Bericht der Bank von Japan, dass die Banken ihre Bemühungen ausweiten, Klein- und Mittelunternehmen bei ihren strategischen Entscheidungen zu unterstützen. Dies gelte insbesondere für die Regionen außerhalb der wirtschaftlichen Zentren, weil dort die Kreditnachfrage besonders schwach sei. Eine Umfrage unter Klein- und Mittelunternehmen habe gezeigt, dass für Unternehmen die Akquise von gutem Personal und von neuen Märkten die höchste Priorität habe (siehe Financial Services Agency 2016c). Bessere Finanzierungsbedingungen hätten keine Priorität. Die Unternehmen erwarteten deshalb von den Banken, dass sie den Unternehmen Kontakte zu Geschäftspartnern beschaffen, Informationen über neue Märkte bereitstellen, Geschäftskontakte herstellen und Managementseminare geben.

Ein besonders wichtiges Feld sei es, bei Suche nach geeigneten Nachfolgern für die schnell alternden Manager der Klein- und Mittelunternehmen zu helfen (siehe Nihonkeizai Shinbun (22.01.2014) sowie Ito und Wada 2016)). Sogar leistungsfähige Firmen seien zur Geschäftsaufgabe gezwungen worden, weil kein Nachfolger gefunden worden sei. Einige regionale Banken hätten dies als lukratives Geschäftsfeld entdeckt. Daraus ergebe sich ein neuer Geschäftsbereich für die Banken, die für die Unternehmen nicht nur als Finanzdienstleister, sondern auch als Berater aktiv werden könnten. Da den Banken viele Unternehmen als Kunden bekannt seien, könnten sie hilfreiche Geschäftsbeziehungen herstellen *(business matching)*. Die Anzahl der mit der Hilfe von Regionalbanken, Shinkin-Banken und Kreditkooperativen entstandenen Verträge sei von ca. 7000 im Jahr 2003 auf über 30.000 im Jahr 2010 angestiegen.

Zudem werde angestrebt, die Informationen, die Banken in ihrem Kreditgeschäft sammeln, besser zu nutzen. Diese Informationen umfassten nicht nur statistische Daten, sondern auch Informationen bezüglich von spezifischen Management-Knowhow einzelner Firmen. Die Gewinnung von Informationen habe sich weg von der Einschätzung von Kreditrisiken hin zu Informationen verschoben, die den Absatz von Unternehmen stärken können. Dies seien insbesondere die Einschätzung von Absatzpotenzialen, möglichen neuen Märkten,

Kundengruppen und eigenen Fähigkeiten. Dieser Informationsbeschaffungs-
prozess sei dann effizienter, wenn sich die Tätigkeit der regional tätigen Banken
über die Präfekturen hinaus entwickle.

7.5   Relationship Banking und Risikogeschäft bei Klein- und Mittelunternehmen

In der Financial Services Agency sieht man eine prekäre Lage der Regionalbanken. Man erkennt auch an, dass die wesentliche Stärke der Regionalbanken im
„Relationship Banking" liegt: Die regionalen Banken kennen ihre Kunden vor Ort
sehr gut und können deshalb auf die Bedürfnisse ihrer Kunden besser eingehen
als die großen, auf die Großstädte konzentrierten Mega-Banken. Eine Umfrage
der Financial Services Agency (2016c) legt offen, dass unternehmensbezogene
Leistungen der Banken für die Unternehmen sehr wichtig sind. Diese werden
dreimal so viel gefordert wie günstige Zinsen. Die Klein- und Mittelunternehmen
richten folgende Erwartungen an ihre Hausbank (Anzahl der Nennungen in Prozent in Klammern):

- Ein Vertrauensverhältnis, das auf langjährigen Geschäftsbeziehungen basiert
  (55 %),
- Verständnis für das Unternehmen und den Unternehmensablauf (43 %),
- eine nahe Filiale (39 %),
- eine stabile Geschäftsbeziehung (auch in wirtschaftlich schlechten Zeiten)
  (25 %),
- schnelle Entscheidungen bei der Umsetzung von Krediten (15 %),
- günstige Zinsen (14 %),
- andere Dienstleistungen außer günstige Zinsen (13 %),
- gelegentliche Besuche (12 %),
- Bereitstellung kurzfristiger Überbrückungskredite (7 %).

Die Financial Services Agency (2016b) sieht zudem eine Möglichkeit, dass
Regionalbanken ihre Geschäftstätigkeit auf vergleichsweise risikoreiche Unternehmen ausweiten. Bisher konzentriere sich das Kreditgeschäft der Regionalbanken auf Unternehmen mit vergleichsweise stabilen Erträgen mit guten
Sicherheiten oder Bürgen, zu denen sie viel Vertrauen hätten. Andere, weniger
solvente Unternehmen in den Regionen würden sich zunächst an die regional vertretenen Japan Federation of Guarantee Corporations wenden (信用保証協会,
JFC) (siehe Abschn. 2.5).

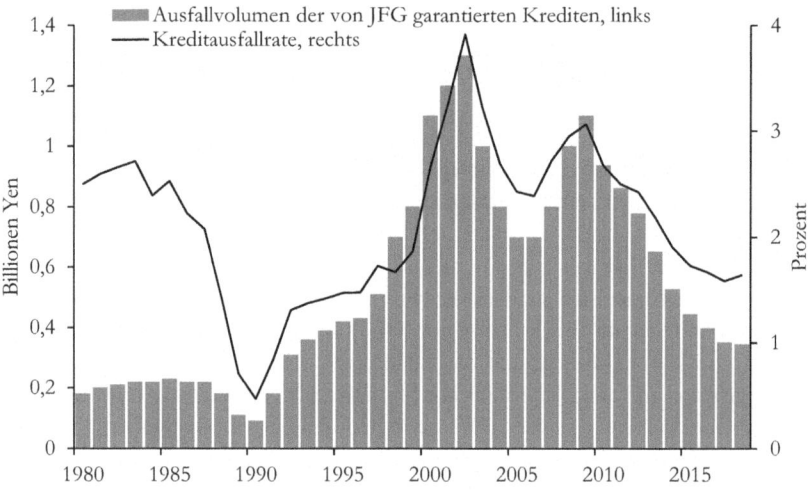

Abb. 7.1 Volumen der garantierten Kredite und deren Ausfallraten. (Quelle: JFG (信用保証協会))

Diese in allen Präfekturen vertretenen Organisationen prüfen die Kreditwürdigkeit der Unternehmen und geben dann gegen hohe Gebühren eine Garantie für die Kreditvergabe der Regionalbanken ab. Verluste der staatlichen Garantieinstitutionen werden vom Staat getragen. Abb. 7.1 zeigt, dass die Garantien der JFG Ende der 1990er Jahre deutlich angestiegen sind und mit der US-Hypothekenmarktkrise und der globalen Finanzkrise nochmals einen Höhepunkt erreicht haben. 1999 lag das garantierte Kreditvolumen bei 43 Billionen Yen, 2007 noch bei 36 Billionen Yen.[2] Im Jahr 2002 lag die

---

[2]Die online verfügbaren Daten zur Verteilung der Garantien und Verluste zwischen Tokio und anderen Präfekturen sind begrenzt. Das Volumen der von JFG garantierten Kredite in Tokio im Jahr 2014 war ca. 4 Billionen Yen (das größte Volumen) und das Ausfallvolumen der von JFG garantierten Krediten war ca. 0,08 Billionen Yen (auch das größte Ausfallvolumen). Das entsprach einer Kreditausfallrate von ca. 2,0 %. Die Kreditausfallrate in anderen Großstädten war 2,4 % in Yokohama, 2,4 % in Osaka und in 1,9 % in Nagoya. Die höchste Kreditausfallrate war in den Präfekturen Ibaragi (2,7 %), Okinawa (2,6 %) und Shizuoka (2,5 %) zu verzeichnen. Die niedrigste Kreditausfallrate war in Yamagata, Fukushima und Oita (jeweils 0,7 %). In Großstädten scheint die Kreditausfallrate höher als in Kleinstädten.

Kreditausfallrate (definiert als ausgefallende Kredite als Anteil der gesamten garantierten Kredite) bei knapp 4 %, ist aber seither deutlich gefallen. Die entsprechenden Verluste werden vom Staat getragen.

Die Financial Services Agency sieht ein Geschäftsmodell für die Regionalbanken darin, dass sich die Federation of Guarantee Corporations aus dem Kreditgeschäft zurückziehen und den (Regional-)Banken dieses Geschäftsfeld überlassen. Dies hätte aus Sicht der Financial Services Agency zwei Vorteile. Erstens wären die Regionalbanken gezwungen, ihre Fähigkeiten bei der Bewertung von Krediten zu verbessern. Zweitens würden sie ein neues, vergleichsweise lukratives Geschäftsfeld gewinnen, da für risikoreichere Kredite höhere Zinsen bezahlt würden.

7.6 Gemeinsames Asset Management und Bildung von Marktmacht

Da der Verkauf von Investmentprodukten und Anlageberatung im Nullzinsumfeld eine wachsende Rolle für die Gesamterträge der Banken spielt, haben die in ihrer Geschäftstätigkeit weitgehend auf die Präfekturen beschränkten Regionalbanken einen großen Wettbewerbsnachteil. Sieben Regionalbanken (Yamaguchi Financial Group, Nishi-Nippon City Bank, Hiroshima Bank, Juroku Bank, San-in Godo Bank, Akita Bank, and Yamagata Bank) haben deshalb im März 2016 beschlossen, eine gemeinsame Asset Management-Firma zu errichten (Nikkei Asian Review 18.03.2016, 09.06.2016). Andere Regionalbanken wurden eingeladen, sich zu beteiligen. Die Firma wird von einem früheren Mitarbeiter des japanischen Finanzministeriums geleitet.

Die neue Asset Management Firma soll „von und für" Regionalbanken sein. Überschüssige Mittel sollen gepooled und besser in Finanzinstrumente (einschließlich Auslandsanlagen) angelegt werden. Mit dem eingelegten Kapital sollen verschiedene Investmentfonds aufgelegt werden. Fachleute von japanischen Megabanken und ausländischen Banken werden als Fondsmanager Knowhow einbringen, das bei den kleinen Regionalbanken nicht vorhanden ist. Die Regionalbanken sollen ihre Mitarbeiter als Trainees entsenden, um Fachexpertise bei Investmentprodukten oder Vermögensmanagement zu erlernen. Bereits im Vorfeld hatten einige Regionalbanken wie die Yokohama Bank (mit der Mitsui Sumitomo Mitsui Trust Bank) oder die Yamaguchi Financial Group (mit Daiwa Securities) mit City-Banken gemeinsame Asset Management-Firmen aufgelegt. Diese Aktivitäten hatten sich jedoch auf die Entwicklung von Investmentfonds konzentriert, die an Kleinanleger verkauft wurden.

Im März 2020 wurde das japanische Monopolrecht dahingehend verändert, dass Fusionen zwischen Regionalbanken erleichtert werden (Nihonkeizai Shinbun 2020). Da die Regionalbanken unter dem anhaltenden Niedrigzinsumfeld und einer anhaltenden Abnahme der Bevölkerung leiden, solle durch die Maßnahme die wirtschaftliche Grundlage der Regionalbanken gestärkt werden. Denn die Konkurrenz zwischen den Banken erschwere es, die Zinsen anzuheben. Die Laufzeit der Ausnahmeregelung ist 10 Jahre. Die Financial Services Agency solle darüber wachen, dass keine unangemessen hohen Zinsen erhoben werden.

Literatur

Financial Services Agency (金融庁). (2016b). Richtlinie zur Administration im Finanzsektor (金融行政方針), Tokyo.

Financial Services Agency (金融庁). (2016c). Analyse der Erträge der Regionalbanken (地方銀行の収益分析), Tokyo.

Fukao, M. (2007). 銀行・生保、足りぬ経営改革 (Die betriebliche Anpassung der Banken und Lebensversicherungen reicht nicht aus). *Nihonkeizai Shinbun Chokan, 24*(10), 2007.

Ishikawa, A., Tsuchiya, S., & Nishioka, S. (2013). Financial institutions' efforts to support the business conditions of small and medium-sized firms: intermediation services utilizing corporate information and customer networks. *Bank of Japan Review* 2013-E-1.

Ito, S., & Wada, T. (2016). Japan regional banks face benchmarks gauging help to local business: Sources. *Reuters Business News, 27*(6), 2016.

Moriyasu, K. (2016). Japanese regional banks to halve by 2025. *Nikkei Asian Review, 22*(4), 2016.

Nihonkeizai Shinbun (日本経済新聞) (3.3.2020). 地銀、合併しやすく独禁法除外へ特例法案 閣議決定 (Regionalbanken: Kabinett beschließt Sondergesetz für Ausnahmen vom Monopolgesetz, die Fusionen erleichtern).

Uranaka, T. (2016). negative rates, fat margins: Japan regional banks ramp up car. Holiday loans. *Reuters Business News, 11*(3), 2016.

Wilson, T. (2016). Japan's regional banks to bear brunt of Bank of Japan bombshell. *Reuters Business News, 29*(1), 2016.

Yoshino, N. (2016). 再編、地方活性化にプラス (Eine Reorganisation als Plus für die Wiederbelebung der Regionalbanken). 日本経済新聞 21.11.2016.

Ausblick

8

Der Versuch, einer starken Aufwertung des japanischen Yen durch starke Zinssenkungen entgegenzuwirken, hat in Japan in der zweiten Hälfte der 1980er Jahre eine kreditfinanzierte Aktien- und Immobilienblase befeuert. Deren Platzen hat das Land in eine tiefe, bis heute anhaltende Krise gebracht. Umfangreiche keynesianische Stabilisierungspakete, Leitzinssenkungen gegen null und der umfangreiche Ankauf von Staatsanleihen und anderen Vermögenswerten durch die Bank von Japan konnten zwar die Konjunktur immer wieder kurzfristig stabilisieren. Die versprochene nachhaltige Erholung wurde jedoch nicht erreicht.

Nachdem die Krise vom Bankensektor ausgegangen war, spielte der Bankensektor auch eine zentrale Rolle im schleichenden Verlauf der Krise. Eine stagnierende Kreditnachfrage und sinkende Margen aufgrund der anhaltend expansiven Geldpolitik der Bank von Japan wurden zu einer Dauerbelastung für die japanischen Banken. Diese begegneten der Krise mit der Abschreibung notleidender Kredite sowie mit Kosteneinsparungen bei Personal und Verwaltung. Druck auf die Löhne, der Abbau von Personal, das Schließen von Filialen sowie Fusionen waren die wichtigsten Instrumente bei den Kosteneinsparungen.

Im Ergebnis hat sich jedoch ein Konzentrationsprozess im japanischen Bankensektor fortgesetzt, der insbesondere auf Kosten der kleineren Banken ging. Dieser hat seinen bisherigen Höhepunkt in der Aufweichung des Monopolgesetzes im Jahr 2020 gefunden, der es in wirtschaftlich schwachen Peripherie Japans den Banken erlaubt, eine marktbeherrschende Stellung zu erlangen.

Wichtig ist das Zusammenspiel zwischen der anhaltend lockeren Geldpolitik und einer nachsichtigen Kreditvergabe der Banken, insbesondere an Klein- und Mittelunternehmen, die einen weiteren Anstieg der offiziell ausgewiesenen notleidenden Kredite vermeiden sollte. Es ist davon auszugehen, dass dadurch die Bemühungen von Unternehmen, effizient zu wirtschaften, konterkariert wurden

(Zombifizierung). Das impliziert einen negativen Wachstumseffekt, der negativ auf die Gewinne der Unternehmen und das Lohnniveau in Japan gewirkt hat. Inzwischen zeichnet sich ab, dass andere Weltregionen, insbesondere Europa, dem von Japan vorgegebenen Pfad folgen.

In Europa folgt spätestens mit der jüngsten Corona-Krise die Wirtschaftspolitik dem japanischen Muster. Die Europäische Zentralbank hat weitere äußerst umfangreiche Aufkaufprogramme angekündigt und die Anforderungen an Sicherheiten bei der Kreditvergabe stark gelockert. Die Regierungen in Europa haben umfangreiche Ausgabenprogramme angekündigt, die die Staatsverschuldung nochmals deutlich nach oben treiben werden. Die Zinsen in Europa dürften noch länger niedrig bleiben, sodass die Banken auf keine Erhöhung der Zinsmargen hoffen können.

Die „Japanisierung" Europas dürfte deshalb weiter voranschreiten, wenn es nicht zu einer wirtschaftspolitischen Wende kommt. Die wichtige Funktion der Banken, insbesondere der kleinen und mittleren Banken, Informationsasymmetrien aufzulösen und damit eine hohe Leistungsfähigkeit von Investitionen sicherzustellen, dürfte damit weiter unterhöhlt werden. Diese Entwicklung dürfte bei den Menschen wie in Japan in Form sinkender Reallöhne und einer wachsenden Anzahl von prekären Beschäftigungsverhältnissen ankommen.

Deshalb wäre eine grundsätzliche wirtschaftspolitische Wende notwendig, um den Wohlstand und die Stabilität der Sozialsysteme zu sichern. Der Geldwertstabilität käme in diesem Prozess eine wichtige Rolle zu. Höhere Zinsen würden den Bankensektor stabilisieren und würden den Unternehmen einen Anreiz setzen, ihre Produktion effizienter zu gestalten. Den Banken käme in diesem Prozess die traditionelle Rolle zu, diesen Prozess zu begleiten und zu überwachen. Der Wohlstand in Deutschland basiert auf einer großen Anzahl von kleinen und mittleren Betrieben und Banken, in denen die deutsche Mittelschicht verankert ist.

The manufacturer's authorised representative in the EU is Springer
Nature Customer Service Centre GmbH, Europaplatz 3, 69115 Heidelberg,
Germany. If you have any concerns regarding our products, please
contact ProductSafety@springernature.com

Printed and bound by CPI Group (UK) Ltd, Croydon, CR0 4YY

28/04/2026

02098473-0002